RAYMOND

UNA PRUEBA DE LA SUPERVIVENCIA DEL ALMA

Sir Joseph Oliver Lodge

Traducción al Español:
J.Thomas Saldias, MSc.
Trujillo, Perú, Febrero 2024

Título Original en Portugués:

"Raymond, Uma Prova da Sobrevivência da Alma"

© Sir Joseph Oliver Lodge

Traducido al Español de la 1.ª edición Portuguesa mayo de 1999

World Spiritist Institute
Houston, Texas, USA
E- mail: contact@worldspiritistinstitute.org

Sir Joseph Oliver Lodge

Científico inglés nacido en Penkhull, Staffordshire el 12/06/1851 y desencarnado en Amesbury el 22/08/1940. Profesor de Física en el Liverpool University College de 1881 a 1900; director de la Universidad de Birmingham en 1900 y profesor en Oxford en 1903.

Hizo importantes aportaciones a las teorías de la electricidad de contacto y la electrólisis, la descarga oscilatoria en botellas de Leyde, la producción de ondas electromagnéticas en el aire e introdujo mejoras en el telégrafo inalámbrico.

Llevó a cabo un experimento sobre la reducción de la niebla mediante dispersión eléctrica.

Autor de varios tratados y obras científicas, entre las que destacamos: *Manual de Mecánica Elemental*, 1877; *Pioneros de la Ciencia*, 1893; *Vida y Materia*, 1905; *Electrones o La Naturaleza y Propiedades de la Electricidad Negativa*, 1907, *Ciencia y Mortalidad*, 1908; *El Éter en el Espacio*, 1909; *Más allá de la Física o La Idealización del Mecanismo*, 1930.

También fue coeditor del importante periódico *Philosophical Magazine*.

El nombre de Sir Oliver Lodge constituye uno de los más altos ornamentos de la ciencia física moderna. De ahí la importancia que el mundo dio a su penetración en el campo del Espiritismo, y a los experimentos rigurosamente controlados con los que estudió el caso *post-mortem* de su hijo Raymond, muerto en una trinchera en Flandes, en los primeros meses de la Gran Guerra.

Del Traductor

Jesus Thomas Saldias, MSc., nació en Trujillo, Perú.

Desde los años 80's conoció la doctrina espírita gracias a su estadía en Brasil donde tuvo oportunidad de interactuar a través de médiums con el Dr. Napoleón Rodriguez Laureano, quien se convirtió en su mentor y guía espiritual.

Posteriormente se mudó al Estado de Texas, en los Estados Unidos y se graduó en la carrera de Zootecnia en la Universidad de Texas A&M. Obtuvo también su Maestría en Ciencias de Fauna Silvestre siguiendo sus estudios de Doctorado en la misma universidad.

Terminada su carrera académica, estableció la empresa *Global Specialized Consultants LLC* a través de la cual promovió el Uso Sostenible de Recursos Naturales a través de Latino América y luego fue partícipe de la formación del **World Spiritist Institute**, registrado en el Estado de Texas como una ONG sin fines de lucro con la finalidad de promover la divulgación de la doctrina espírita.

Actualmente se encuentra trabajando desde Peru en la traducción de libros de varios médiums y espíritus del portugués al español, habiendo traducido más de 300 títulos así como conduciendo el programa "La Hora de los Espíritus."

Índice

¿Hay espíritus? ¿Está demostrada la supervivencia? 9
Lodge y sus críticos..11
Introducción..17
1ra Parte..20
Lo normal..20
   Capítulo I In memoriam..21
      Raymond Lodge (1889-1915)..22
      Reminiscencias, por O. J. L...25
      El lamento de su madre...28
   Capítulo II Raymond en el frente 29
      Las cartas de Raymond 30
   CARTAS DEL FRENTE, EN FLANDES................................32
      14 de mayo de 1915..37
      16 de mayo, 17.40 horas...37
      A UN HERMANO..39
      29 de mayo de 1915..39
      2 de junio, 16:45 horas. 40
      3 de junio de 1915. 41
      6 de junio de 1915, 12.00 horas..42
      16 de junio, 13:30..43
      21 de junio, 4:30..43
      22 de junio, 16:45 horas. 45
      29 de julio, 7:35..47
      7 de agosto, 7:30..49
      16 de agosto, mediodía..50
      29 de agosto, 11:30...50
      6 de septiembre, 9:30. 51
      9 de septiembre, 15.30 horas. 52

    12 de septiembre, 14 h. 53
  Capítulo III Cartas de amigos 54
    DEL TENIENTE FLETCHER 54
    24 de septiembre de 1915. 54
    DE TENIENTE CASE A LADY LODGE 55
    DEL CAPITÁN ST BOAST 56
    DEL CAPITÁN A. B. CHEVES 56
2ᵈᵃ Parte 58
Lo Sobrenatural 58
  Capítulo IV Sobre las comunicaciones sobrenaturales 59
  Capítulo V Explicación elemental 65
  Capítulo VI El mensaje del "Fauno" 69
    Hechos preliminares 69
    El mensaje inicial de "Piper" 69
    Carta de la señora Verral 70
    Respuesta del Sr. Bayfield 71
    Nota del autor 71
    Información adicional 72
  Capítulo VII Continuación del mensaje del "Fauno" 73
    Extracto de algunas sesiones anónimas 73
  Capítulo VIII El grupo fotográfico 81
    28 de noviembre de 1915. 82
    24 de agosto: tomamos una fotografía 84
    Confirmación de la madre de Raymond. 86
    Capítulo IX La muestra de las primeras sesiones 88
    Sesión de mesa con la Sra. Leonard 89
    Notas de Oliver Lodge sobre esta sesión 90
    Observaciones realizadas el mismo día. 95
    Nota sobre el nombre "Norman" 95

Nota sobre el nombre "Mitchel" 97
Capítulo X Buscando más evidencia 99
   Observaciones sobre las palabras "Argonautas" y "Dartmoor" 102
   Observaciones sobre este tipo de preguntas 104
   14 de octubre de 1915. 105
Capítulo XI La primera sesión de Alec 106
   Notas de Alec de la sesión 106
   Informe 107
   Nota de Oliver Lodge 109
Capítulo XII Primera sesión de Lionel 110
   Sesión de Lionel Lodge en casa de la Sra. Leonard 111
   Informe de Lionel 111
Capítulo XIII Conversaciones no probatorias 118
   Extracto de una sesión con la señora Leonard, en su casa, el 3 de diciembre de 1915. 119
   Observaciones sobre el asunto denunciado 123
   Nota global 125
Capítulo XIV La primera sesión de Alec con la señora Leonard. ... 126
   Observaciones de Oliver Lodge 130
   Apéndice 132
Capítulo XV Sesiones en Mariemont 134
   Sesión en Mariemont, 17 de abril de 1916, anotada por Lady Lodge 135
   Advertencia 137
Capítulo XVI Más material inverificable 139
   Sesión de Lady Lodge con la Sra. Leonard en su casa, 4 de febrero de 1916 139
   Nota de O.L. 144
Capítulo XVII Dos sesiones algo evidentes 145
   La sesión anónima de O. L. con la Sra. Cregg 145

Viernes por la tarde, 3 de marzo de 1916. 147

Recomendaciones de Feda al Sr. Alec. 157

Capítulo XVIII El caso "Honolulu" 158

Sesión de Lionel y Norah con la Sra. Leonard, en Londres, viernes 26 de mayo, 11:55 a.m. 159

Nota sobre el caso "Honolulu", de O. L. 160

Nota de O. L. al concluir la parte XI en 1916 161

Capítulo XIX Selección de los sucesos más recientes. 162

La primera noche de la señora Leonard en Mariemont, sábado 15 de julio de 1916 162

Nota de O.L. 175

Nota 175

Capítulo XX Explicaciones y respuestas 184

Objeciones administrativas 186

Objeciones contra el fondo de las comunicaciones 187

Capítulo XXI Significado de la palabra muerte 192

Capítulo XXII El problema de la existencia 197

Capítulo XXIII Acción recíproca entre mente y materia. 201

Significado del término "cuerpo" 202

Capítulo XXIV Resurrección del cuerpo 205

Capítulo XXV Una actitud sabia y prudente 208

Capítulo XXVI Visión del Universo 213

¿Hay espíritus? ¿Está demostrada la supervivencia?

Aquí hay dos preguntas que han desafiado la paciencia de investigadores expertos. Para satisfacerlos, desde mediados del siglo pasado, se han dedicado a inmensas obras de renombre universal, como William Crookes, Flammarion, Myers, Wallace, Lodge y Richet.

En relación con la metapsíquica, la tesis de la supervivencia constituye el secreto de toda investigación de los fenómenos supranormales, ya que el objetivo de la joven ciencia no es otro que comprobar, mediante el control y la observancia de métodos positivos, la existencia de hechos inusuales, con el fin de aclarar las hipótesis explicativas de su causa y el alcance de sus efectos.

La humanidad siempre ha estado ansiosa por una palabra definitiva sobre las posibilidades de un sentido espiritual, inmanente al hombre. De ahí el surgimiento de religiones primitivas entre los pueblos a lo largo de los siglos, que culminaron en el religiosismo más pernicioso que logró socavar la inteligencia de las criaturas y conducirlas a extraños fanatismos y fetichismos, deprimentes. Sin embargo, lo que siempre ha sido un mal, nunca dejó de despertar la intuición del principio de supervivencia y, en consecuencia, de la existencia del espíritu fuera de las contingencias de la vida transitoria del cuerpo físico. La Ciencia moderna dirigió sus actividades al campo de los hechos metapsíquicos con el fin de conocer su génesis y etiología, naturaleza íntima y medios de manifestación, a la luz de los procesos de experimentación y observación.

Sus conclusiones no podían escapar al imperativo de una prueba concreta. La absoluta mayoría de los investigadores, los sabios de probada honestidad y valentía científica, escribieron su sentencia y la respuesta fue afirmativa.

Hay espíritus. La supervivencia es una realidad.

Sir Oliver Lodge afirma lo mismo en su encantador y conmovedor libro Raymond. El fundador de la metapsíquica, el gran Charles Richet, en los últimos meses de su vida se declaró convencido de la supervivencia. Esta confesión fue hecha por el prof. Richet en una carta al prof. Ernesto Bozzano publicado en *Psychic News*, Londres, el 30 de mayo de 1936.

Las declaraciones de estas figuras destacadas de la Ciencia contemporánea alegran mucho a quienes nunca han dudado de la resurrección de Jesucristo, punto de partida y clave histórica del problema de la supervivencia del alma humana.

Lodge y sus críticos

Este libro es un testimonio de fe. Sino desde esa fe consciente, racional y hasta exigente, enseñada por Kardec. No una fe ciega, que surge de la sumisión temerosa e incondicional a principios dogmáticos, sino una fe que sirve, al mismo tiempo, de fundamento de la Religión y de la Ciencia. Este tipo superior de fe excluye la creencia. No es una gracia que viene de Arriba, sino la conquista del hombre a través de la evolución. Por eso no es solo divina, sino que tiene dos caras: es humana y divina al mismo tiempo. Los hombres educados, en general, y en particular los hombres de ciencia, escapan de la fe religiosa, pero no pueden escapar de las garras lógicas de la fe científica. Sir Oliver Lodge nos ofrece un ejemplo decisivo de la combinación de estos dos aspectos de la fe, que con mayúscula es una, así como un rostro se compone de dos rostros.

El hombre de ciencia, como subraya Whitehead, no puede prescindir de la fe en el orden universal. Este orden es su divinidad, ante la cual se inclina con tanta reverencia como el devoto ante el santo. Porque, según el citado filósofo, el orden universal no puede ser probado científicamente, dentro de los requerimientos metodológicos del proceso científico en desarrollo. Supera todas las posibilidades de investigación para la prueba empírica. Pero el científico, si no lo admite, si no pone su fe en ello, tendrá que considerar la Ciencia como imposible, porque el conocimiento se vuelve imposible.

Sir Oliver Lodge entendió esto con perspicacia pitagórica. Y este libro nos ofrece un ejemplo concreto de fe integral. Gracias a ella logró superar la creencia popular y el escepticismo intelectual al mismo tiempo. Pero también por eso fue arrojado sin piedad a la furia de las fieras. Y lo más impresionante es que tenía conciencia de los riesgos que corría. Marchó hacia el circo a la manera de los mártires cristianos. Pero sobre todo fue un mártir de la ciencia. Él mismo lo declara en la introducción: "... no ignoro que estoy expuesto a la crueldad y al cinismo de la crítica." Los críticos realmente no lo perdonaron. Hasta el día de hoy siguen atacándolo, regodeándose con su memoria.

Lejos de dañar este libro, de disminuir su valor y significado, este hecho sirve para exaltarlo. No hace mucho, en un artículo para la enciclopedia *Planète*, Jacques Bergier dedicó un tema especial al caso Raymond bajo el título *La triste historia de Sir Oliver Lodge*. Después de elogiar al científico emérito, el eminente físico, Bergier lamentó que Lodge se hubiera dejado arrastrar al "más absoluto delirio." Pero ¿en qué consistió este engaño? El propio Bergier lo explica. Habiendo insistido exageradamente en comunicaciones mediúmnicas con su hijo fallecido en la guerra. También alquiló una casa de campo para profundizar en sus investigaciones. Como vemos, Bergier critica en Lodge lo que debería elogiar. Como explica el propio Lodge en la introducción de este libro, el caso individual no es válido solo en sí mismo, sino porque el establecimiento de la supervivencia de un individuo sería válido para todos.

El concepto erróneo que la Ciencia debe ser fría, aislándose del contexto psíquico del hombre, explica las críticas injustas de Lodge. Le acusan de ceder al dolor natural de un padre que ha perdido a un hijo, del mismo modo que acusaron a William Crookes de enamorarse de la médium e incluso del fantasma de Katie King, y del mismo modo que acusaron a Richet de dejarse conmover por los resultados de sus extraordinarios experimentos en ectoplasmia. Hoy acusan a Rhine de no limitarse a la observación y a la investigación pura y dura, evitando el ejercicio del razonamiento para sacar conclusiones de los resultados de sus propios trabajos. El científico - que es ante todo un hombre, condición indispensable para ser científico -, debe renunciar a estas habilidades básicas y transformarse en una especie de robot científico. Esta crítica inhumana solo puede mejorar el trabajo de

Lodge. Acusaron a Lodge – y el propio Bergier lo vuelve a hacer ahora –, de haber aceptado las declaraciones del espíritu de su hijo sobre la existencia de bebidas, cigarrillos, árboles y casas en la vida espiritual. Estos críticos fastidiosos en materia espiritual, tan hostiles a los prejuicios y suposiciones, tan contrarios a las creencias, se revelan portadores de las mismas pérdidas que condenan. Alimentan prejuicios religiosos sobre la vida espiritual y se basan en suposiciones arbitrarias para condenar los resultados de investigaciones científicas serias. Todo aquel que investiga los problemas posteriores a la muerte sabe que en los planos inferiores del mundo espiritual las cosas son similares a la vida terrenal. Ellos; sin embargo, suponiendo que esto no es así, condenan a Lodge y lo acusan de ingenuidad.

Otra acusación hecha contra Lodge es que, antes de morir, dejó un mensaje musical en un sobre cerrado para identificar su espíritu cuando se comunicaba. Ciento treinta médiums intentaron captar este mensaje, pero Lodge no se comunicó. Esto – escribe Bergier –, desanimó a muchos físicos a seguir investigando lo paranormal. Es increíble que Bergier haya escrito algo así. Todos los investigadores experimentados saben que las manifestaciones espirituales en la vida no pueden ser predeterminadas, ya que la situación y las condiciones del espíritu en el otro mundo no siempre corresponden a sus deseos terrenales, especialmente cuando se trata de un espíritu evolucionado. Todo el mundo sabe también que los médiums no pueden influir en los espíritus para obligarlos a comunicarse.

La investigación parapsicológica, contrariamente a las opiniones críticas, hace justicia a Lodge. La intención del científico era noble y justa. Pero ¿qué sentido tendría que un médium revelara su mensaje, si las investigaciones demuestran que a través de la clarividencia un médium puede captar cualquier mensaje escrito a distancia? Si un médium revelara el secreto de Lodge, no probaría su supervivencia. Mucho más valioso es el hecho – esto es realmente bastante significativo –, que todos los médiums han fracasado en su intento de captar el mensaje, ya que miles de experiencias han demostrado lo fácil que es obtenerlo. ¿Qué impidió esta captura? ¿No habría sido voluntad del propio Lodge, dado el avance de la investigación, evitar la confusión que inevitablemente resultaría de su noble intención? Además, ¿qué valor científico puede tener un hecho negativo, frente a miles de hechos positivos que se producen en la investigación en todo el mundo? Por lo tanto, si algún físico cedió al escepticismo, como quiere Bergier, es porque no era un espíritu verdaderamente científico o, al menos, se dejó llevar por los residuos de prejuicios anticientíficos.

En cuanto a las similitudes entre el mundo espiritual de Raymond y nuestro mundo material, hay cosas más curiosas. El Prof. Wathelly Carington, de la Universidad de Cambridge – Inglaterra –, tras numerosas investigaciones que le afianzaron en el campo de lo paranormal, desarrolló una teoría de la supervivencia de la mente tras la muerte del cuerpo. Esta teoría, basada en datos de la experiencia, la confirma plenamente Raymond y, en consecuencia, Lodge. Para Carington, la mente es una estructura de *psicones* – una especie de átomos de la psique –, y esta estructura, al no ser material sino psíquica, sobrevive a la muerte del cuerpo. Pero los *psicones* tienen su origen en los *sensa*, átomos sensoriales. Durante la vida, las sensaciones, que están formadas por estos átomos, generan *psicones*. Cuando el individuo muere, la estructura *psicónica* de la mente se desprende del cuerpo, pero queda cargada con todas las sensaciones de la vida material. Ésta es la razón – escribe el propio Carington –, por la que las mentes liberadas de la materia conservan las sensaciones que Raymond expresaba en sus comunicaciones.

La investigación de Carington marcó una fase importante e incluso fundamental en el desarrollo de la Parapsicología.

El prof. Soal, de la Universidad de Londres, una figura exponencial en la investigación psi, y el prof. Harry Price, de la Universidad de Oxford – inicialmente opuesto a la investigación y luego integrado en ella –, admitió en principio la teoría de Carington y posteriormente desarrolló sus propias teorías en la misma línea. Varios otros parapsicólogos eminentes admiten y desarrollan principios similares. El propio Rhine, como es sabido, acabó admitiendo la independencia de la mente respecto del cerebro y su supervivencia y comunicabilidad después de la muerte. En las investigaciones actuales sobre la memoria extra cerebral, como se desprende del libro de Ian Stevenson, recientemente publicado en nuestro idioma, se admite el fenómeno de la posesión y la permanencia de las sensaciones materiales en el espíritu después de la muerte.

Parece evidente que las críticas dirigidas a Sir Oliver Lodge han perdido todo sentido, dado el avance de la investigación en el campo de los fenómenos paranormales. El colapso de los supuestos críticos restablece la grandeza del trabajo de Lodge. Este libro, que durante cierto tiempo fue considerado una debilidad del gran físico, recobró toda la importancia que realmente poseía. Al mismo tiempo, el reconocimiento de la legitimidad de los procesos utilizados por Lodge en su investigación - con su vasta y nunca negada experiencia y su innegable honestidad -. devuelve este libro al primer plano de la bibliografía científica de nuestros días.

Monteiro Lobato, cuyo espíritu sagaz siempre ha sido reconocido por todos, es entre nosotros un ejemplo del efecto benéfico de este libro para estimular la investigación espiritista. La lectura y posterior traducción de esta obra ejerció una poderosa influencia en su mente. Lobato se entregó a experimentos modestos, sin intenciones científicas, en casa, con su propia esposa como principal médium. Y al igual que Víctor Hugo y Lodge, logró recibir mensajes significativos de sus hijos y amigos fallecidos. Afortunadamente dejó constancia de sus experiencias en actas redactadas por él mismo y que se publican en volumen por iniciativa de su secretario. En las sesiones de Lobato también se registró la presencia de elementos correspondientes a sensaciones en el plano físico, como ocurre en todas las experiencias de esta naturaleza, en todo el mundo y en todos los tiempos.

Al iniciar las ediciones de su Departamento de Libros Espíritas con este volumen, que la Sociedad Metapsíquica lanzó en São Paulo en 1939 y nunca fue reeditado, Gráfica e Editora Edigraf

S.A. rinde homenaje y hace justicia al gran físico inglés Sir Oliver Lodge. Además, rinde homenaje al traductor Monteiro Lobato y llena un vacío en nuestra bibliografía espírita y paranormal, poniendo nuevamente a disposición del público una obra clásica y fundamental de estudios en este campo. Por mi parte, agradezco a los Editores la distinción que me otorgaron, al invitarme a presentar esta reedición al público de habla portuguesa, octubre de 1971.

J. Herculano Pires

Presidente del Instituto Paulista de Parapsicología

Introducción

Esta obra lleva el nombre de un hijo mío que murió en la guerra. Nunca he ocultado mi creencia que la personalidad no solo persiste, sino que está aun más integrada en nuestra vida diaria de lo que generalmente suponemos; que no existe solución de continuidad entre vivos y muertos; y que existen procesos de intercomunicación muy efectivos cuando interviene el afecto. Como dijo Sócrates a Diotima, "el amor vence el abismo" (Simposio, 202 y 203).

Pero no es solo el afecto lo que controla y fortalece el intercambio supranormal: el interés científico y el celo del misionero también resultan eficaces; y fue en gran parte gracias a esfuerzos de este tipo que otros y yo nos convencimos gradualmente, a través de la experiencia directa, de un hecho que desde hace mucho tiempo se ha vuelto evidente para la raza humana. Hasta ahora he sido testigo de sucesos y mensajes de carácter más intelectual que sentimental; y aunque gran parte de esta evidencia sigue siendo inaccesible al público, alguna aparece de vez en cuando en las Actas de la Sociedad para la Investigación Psíquica y en mi colección titulada *La supervivencia del hombre*. Por lo tanto, nadie se sorprenderá si ahora soy testigo de comunicaciones que me han llegado en un momento especial: comunicaciones de las que no se excluye el sentimiento, aunque parecen estar guiadas y dirigidas por un propósito inteligente, interesado en reunir pruebas. Es la razón que me indujo a publicar este libro.

Mensajes inteligibles de carácter algo misterioso – de "Myers"–, me llamaron la atención una o dos semanas antes de la muerte de mi hijo; y casi todos los que recibí después de su muerte difieren en carácter de los que recibí anteriormente a través de diversos médiums. Hasta entonces, ninguna criatura se me había presentado ansiosa de comunicarse; y aunque aparecieron amigos promocionando mensajes, eran mensajes de gente de la vieja generación, directores de la Sociedad de Investigaciones Psíquicas y viejos conocidos míos. Ahora; sin embargo, cada vez que yo o alguien de mi familia acudimos de forma anónima a un médium, se presenta la misma criatura, siempre ansiosa por proporcionar pruebas de su identidad y supervivencia.

Y tengo que lograrlo. El escepticismo de la familia, muy fuerte en los primeros meses, acabó siendo superado por los hechos. No sé hasta qué punto estos hechos pueden ser comprendidos por extraños. Pero exijo atención paciente; y si me equivoco, ya sea en lo que incluyo o en lo que omito, o si mis notas y comentarios carecen de claridad, pido a los lectores, en todos los casos, una interpretación amigable: porque en un asunto tan personal no lo ignoro que estoy expuesto a la crueldad y al cinismo de la crítica.

Quizás argumenten: ¿por qué conceder tanta importancia a un caso individual? En realidad no le di ninguna importancia especial; pero resulta que cada caso individual es de interés, porque la máxima *Ex uno disce omnes* tiene plena aplicación en esta materia. Si puedo establecer la supervivencia de un solo individuo, *ipso facto* la habré establecido para todos.

Ya tenía probada mi supervivencia, gracias a los esfuerzos de Myers y otros en la Sociedad; pero nunca hay demasiadas pruebas, y la discusión de un nuevo caso no debilita las pruebas ya obtenidas. Cada varilla de la viga debe ser probada y, a menos que esté defectuosa, aumenta la resistencia de la viga.

Basar una conclusión tan importante, como la prueba científica de la supervivencia humana, en un solo hecho, sin el apoyo lateral de un gran número de casos similares, no sería juicioso; porque podría surgir una explicación diferente de este caso único. Pero están plenamente justificados el examen de la fuerza probatoria de cada caso cuyos detalles sean bien conocidos y la deducción, del modo más completo y leal posible, de la verdad que en ellos pueda contener.

1ra Parte

Lo normal

Y esto para llenarnos de respeto por el hombre, de aprehensión de su valor pasajero.

Browning, Paracelso

Capítulo I In memoriam

Los hechos son estos, según revela el Times:

"El segundo teniente Raymond Lodge era el hijo menor de Sir Oliver Lodge y Lady Lodge, ingeniero de vocación y estudios. Se alistó en septiembre de 1914 e inmediatamente fue enviado en comisión al 3er South Lancashire. Después de entrenar cerca de Liverpool y Edimburgo, fue al frente a principios de la primavera de 1915, adscrito al 2.º Regimiento de South Lancashire, dirigiéndose a las trincheras de Ypres o Hooge. Su habilidad como ingeniero le resultó útil en la construcción de trincheras y pasó algún tiempo en la Sección de Ametralladoras, donde corrió gran peligro. Tras quitarle el pie su capitán, fue puesto al frente de la Compañía a cuyo mando se encontraba en el momento de su muerte, en un ataque o intento de avance al principio. Herido por metralla de una granada en el ataque a Hooge Hill, el 14 de septiembre de 1915, falleció horas después.

Raymond Lodge se educó en Bedales School y la Universidad de Birmingham. Tenía grandes aptitudes para la ingeniería y amor, y estuvo a punto de hacerse socio de sus hermanos mayores, quienes apreciaban mucho sus servicios y deseaban su regreso, para poder colaborar con ellos en las labores de la firma."

Raymond Lodge (1889–1915)

La mayoría de las vidas están llenas de matrimonio, nacimiento de hijos, años de trabajo; pero las vidas de los defensores de la patria revelan una breve y majestuosa sencillez.

Los oscuros recuerdos de la infancia, los pocos años de escuela, universidad y trabajo constructivo e inventivo, y el repentino sacrificio de todo lo que prometía el futuro en términos de carrera, hogar y amor; los meses de dura vida y duro esfuerzo bélico, las alegres cartas humorísticas que lo aliviaron; y allí al frente, en una tierra en ruinas, mutilación y muerte.

Mi hermano nació en Liverpool el 25 de enero de 1889; pasó cinco o seis años en Bedales School y luego en la Universidad de Birmingham, donde estudió ingeniería y demostró ser excepcionalmente hábil en la práctica. Completó dos años de formación en Wolseley Motor Works y luego se incorporó a los talleres de sus hermanos, donde permaneció hasta el estallido de la guerra.

Inteligencia de rara magnitud. Inteligencia de poder y agudeza inusuales. Dotado de una paciencia y una comprensión de las dificultades como ningún otro, lo que le hacía capaz de hacer que los demás comprendieran realmente las cosas difíciles. Raymond nos enorgulleció y depositamos grandes esperanzas en él. Le abordamos, como yo, los problemas técnicos e intelectuales, seguros que obtendríamos una buena solución.

Aunque su especialidad era la mecánica y la electricidad, no quedó ahí. Leía mucho, le gustaba la buena literatura de tipo intelectual, no la imaginativa; al menos no pretendo haber leído a Shelley o William Morris, pero sé que amaba a Fielding, Pope y Jane Austen. Naturalmente, leo a Shakespeare y, en particular, recuerdo

La noche de reyes, Trabajos de amor perdidos y Enrique IV. Después de Fielding y Jane Austen, creo que sus novelistas favoritos fueron Dickens y Reade. También citó con frecuencia los ensayos y cartas de Charles Lamb.

* * *

La religión cristiana no admite la muerte como fin, y se han recogido muchas pruebas de supervivencia a favor de esta inmortalidad que es la base de la religión de Cristo. Sin embargo, la muerte es real y dolorosa; la sustitución de su nombre por expresiones de "paso" no la hace más indulgente, pero la muerte es real como final de una etapa, no como final de un viaje. El camino se extiende más allá de esta crisis – y más allá de nuestra imaginación: "el camino sin fin iluminado por la Luna."

Pensemos, entonces, en Raymond, no como enterrado en Ypres, con todo el trabajo de su existencia ya hecho, sino como, después de un merecido descanso, continuando su noble y fructífera carrera en un ambiente más pacífico, y llamando serenamente por nosotros – exhortando a la familia a un mayor esfuerzo, en lugar de permanecer en la desolada angustia.

Realmente no es prudente que lamentemos una muerte como la suya. Es preferible que le rindamos homenaje de alabanza e imitación, desarrollándonos como él y ofreciendo nuestra vida al servicio de la patria, y muriendo por ella como lo hizo Raymond, si fuera necesario. Este es el mejor honor y nuestro mayor monumento.

No es que despreciemos los monumentos de bronce o de piedra, pero es la fama la que los ilumina, y la fama no tuvo tiempo de llegar a una vida que a los 26 años puso fin a su etapa en la Tierra.

¿Quién se acordará de aquel que sube por su fama inmadura para despertar, que muere una edad antes de tiempo?

Pero noble, pero por el bien de Inglaterra.

¿Quién nos creerá cuando lloramos? ¿Era tan grande como valiente? Su nombre que los años habían levantado en alto yace enterrado en esa tumba belga.

Oh fuerte y paciente, amable y sincero, valiente de corazón y claro de cerebro. No pueden conocer al hombre que conocimos. Nuestras palabras se llevan el viento como la lluvia.

Tintern, 1915
O.W.F.L.

Reminiscencias, por O. J. L.

De todos mis hijos, el menor era al principio el que más se parecía a quien era yo en la edad correspondiente. En cuanto al físico, fotografías antiguas dan fe del parecido; un antiguo compañero mío, que tenía allí mis huellas desde los ocho hasta los once años, durante una visita a Mariemont en abril de 1904, puso de relieve este parecido con Raymond, entonces colegial; e innumerables rasgos mentales también lo acercaron a mí. Similar incluso en la absurda dificultad de pronunciar las letras G y K.

Cuando entró en su juventud me di cuenta que la vocación y los gustos de Raymond eran los míos: la misma pasión por la ingeniería y las artes mecánicas; aunque en mi caso por falta de oportunidad me centré en especializarme en física. Raymond no era bueno en física, ni tenía mi entusiasmo por las Matemáticas, pero demostró ser mejor que yo en ingeniería, de carácter más fuerte en muchas áreas, y habría sido un profesional de primera clase. Destaca su tenaz habilidad en los trabajos mecánicos y su capacidad de conducción. Nada sería un mayor revés para sus tendencias naturales que iniciar una carrera militar; solo el sentido del deber lo empujaría en una dirección completamente ajena a las tradiciones familiares, al menos por mi parte.

También destaqué en mi sentido del humor. Todos en la familia se sorprendieron de la facilidad con la que captaba el lado humorístico de las cosas; de ahí la animación que daba a cada reunión a la que asistía. En la escuela, la vivacidad de su espíritu no dejó de interferir en sus estudios y en los de sus compañeros, y por el bien general tuvo que amordazarla; pero hasta el final Raymond siguió siendo uno de los bromistas de la escuela.

Tremendamente ocupado como siempre, no podía seguir la vida de mis hijos como quería, pero siempre hubo una simpatía instintiva entre Raymond y yo; y hoy es un gran consuelo para mí no poder recordar una sola ocasión en la que me haya irritado. En todos los asuntos serios, siempre fue uno de los mejores jóvenes que he conocido, del que todos auguramos una vida feliz y una carrera brillante.

Sabía tratar admirablemente con los trabajadores; su manera de tratar con los capataces insolentes en los talleres de Wolseley, donde pasó algunos años como aprendiz, resultó muy hábil y muy apreciada por sus compañeros; sinceramente no conozco ningún rasgo de su carácter que me gustaría diferente, más que un poco más de amor por especializarse en física.

Cuando llegó la guerra, su madre y yo estábamos en Australia; solo un tiempo después supimos que se había alistado. Esto ocurrió en septiembre de 1914; tenía una comisión en el ejército regular, que se remontaba a agosto. Raymond cumplió con sus obligaciones militares con la misma dedicación y esfuerzo que aplicó a sus actividades vocacionales. Se entrenó en Great Crosby, cerca de Liverpool, en el 3.º Lancashires del Sur, comisionado con el rango de teniente y fue adscrito al 2.º cuando éste fue al frente; su compañía pasó el invierno en servicio activo en el Firth of Forth y Edimburgo; y tuvo la oportunidad de ir a Flandes el 15 de marzo de 1915. Allí dedicó sus conocimientos de ingeniería a la construcción de refugios y trincheras, además de las tareas militares comunes; poco después fue ascendido a oficial de ametralladoras. No hace falta decir cuánto ansiaba la familia su regreso al final de la guerra. Raymond tenía un trabajo extenuante en el frente y todos queríamos fervientemente que recibiera una compensación por la delicia casera. Era mucho esperar – aunque confieso que lo esperaba.

Raymond está ahora de servicio en otra región: lo sabemos. Porque si en el primer momento del desastre la vida se nos ocultó horriblemente, pronto tuvimos la percepción que su actividad no había cesado, sino que simplemente había cambiado de dirección. Su brillante ingenio lo llevará a avances mucho mayores de los previstos, y tenemos grandes esperanzas para el futuro.

Mariemont,
30 de septiembre de 1915.
O.J.L.

El lamento de su madre

Escrito en un papel el 26 de septiembre de 1915 y recopilado por Oliver Lodge sin que ella lo supiera.

PARA ALIVIAR EL DOLOR E INTENTAR ACERCARSE

Querido Raymond, ya te has ido de nuestro mundo, y para aliviar mi dolor quiero saber que eres feliz, que realmente me estás hablando y no me estás engañando.

Nunca más volveré a recibir cartas tuyas, mi querido hijo, a quien tanto amaba. Las tengo todas aquí; voy a transcribirlas en un libro.

Ahora estaremos separados hasta que me reúna contigo. No te vi tanto como hubiera querido durante tu estancia en la Tierra, pero recuerdo con arrobamiento los momentos en que te tuve a mi lado, especialmente durante nuestro viaje a Italia. Eras mío entonces – ¡y tan amado!

Quiero resaltar, querido, cómo reconozco la forma gloriosa en que cumpliste con tu deber, sin dejar que nadie vea tu esfuerzo, siempre jugando y riendo, animando y ayudando a los demás. Debes saber cómo sintieron tus hermanos y hermanas tu pérdida... ¡y tu pobre padre!

Capítulo II Raymond en el frente

Daré algunos extractos de la correspondencia que Raymond mantuvo con miembros de su familia durante sus días de servicio en Flandes, con el fin de darlo a conocer mejor al lector. Antes; sin embargo, reproduciré la breve nota que escribí sobre él:

"Raymond fue trasladado recientemente de Edimburgo a Great Crosby, cerca de Liverpool; y la vida en el campo comenzó inmediatamente.

La mañana de ayer lunes 5 de marzo, uno de los subalternos fue asignado al frente; sometido a inspección médica, tuvo que ser rechazado por indisposición temporal. Luego le preguntaron a Raymond si estaba en condiciones de irse. "Perfectamente", fue su respuesta. A las 10 de la mañana recibió órdenes de dirigirse hacia Francia por la noche. Empacó sus maletas. A las tres en Mariemont recibimos un telegrama suyo concertando una reunión para las cinco y diciendo que podía quedarse en casa seis horas.

Desafortunadamente su madre estaba en Londres y tuvimos dificultades para encontrarla. Solo recibió uno de nuestros telegramas a las 7; tomó el tren que pudo y llegó a las 11.

Raymond tomó el tren de medianoche a Euston; sus hermanos Alec, Lionel y Noel lo acompañaron. Llegaron a Euston a las 3:50 de la madrugada y tuvieron que esperar dos horas. Se reunió con el capitán Taylor y partió hacia Waterloo vía Southampton. Los chicos planeaban verlo en Waterloo y regresar a casa desde allí.

Todo parece muy bien; pero esta perturbación en nuestra familia debe reproducirse en muchas otras.

Mariemont,

16 de marzo de 1915. O.F.L.

Las cartas de Raymond

HOTEL DERVAUX, GRANDE RUE,
75 BOULOGNE-SUR-MER

24 de marzo de 1915, 11:30.

Según mi último telegrama, tengo el honor de informar que en nuestra marcha hacia el frente encallamos aquí.

Mi ordenanza ha sido de un valor inestimable y nos ha divertido mucho. Estaba buscando en la estación de carga de Rouen – donde empezamos –, y descubrió una tapa de hojalata. Lo perforó para formar un brasero, al que adaptó un cable de alambre. Cuando partimos, encendió el brasero con carbón recogido de no sé dónde, y cuando paramos en el camino, sobre las 10 u 11 de la mañana, llegó a mi camarote de cuatro oficiales con un excelente té. También había comprado leche condensada. También se encargó que nos repartieran una buena parte de las raciones antes de partir, y cuidó nuestro equipaje de la mejor manera posible, considerando el tren como un simple tranvía. En cuanto la velocidad disminuye a 4 millas por hora, baja a recoger leña o saquear lo que pueda. Hizo estas incursiones utilizando el número de otros ordenanzas en el vagón de equipajes, y como no teníamos luz, "apagó" la linterna de un guardia en una de las pequeñas estaciones. Hubo un ruido; el guardia vino indignado a recuperar su lámpara.

Tan pronto como nos detenemos en algún lugar, él sale de su carruaje con el brasero. ¡Imagínese mantenerlo encendido en el vagón! No sé cómo los jefes del tren se lo permiten, pero si se oponen, afirmará que no sabe francés.

A menudo el tren sale antes que él suba, por lo que salta a nuestro vagón, donde nos entretiene con la historia de su vida hasta la siguiente estación y regresa al vagón de equipajes.

Requiere mucha atención, pero a pesar de eso es un ordenanza excelente.

CARTAS DEL FRENTE, EN FLANDES

Campamento, 13 de abril de 1915.

Aquí todo está bien, excepto las granadas. Cuando llegué encontré a todos muy nerviosos y sin ganas de hablar de granadas. Ahora entiendo la razón. El otro día explotó una metralla en nuestro puesto y un trozo de metralla atrapó al ordenanza del Sr. Laws por las piernas y la mano. El pobre hombre perdió los dedos de su mano derecha y trato de no recordar el daño que le hizo en la pierna. Será amputada.

Estos proyectiles nos sacuden de forma horrible, y cuando uno llega, sorprende la rapidez con la que cada uno desaparece en alguna trinchera o agujero cercano.

Una granada de buen tamaño cayó en el campo donde los hombres jugaban al fútbol el domingo por la tarde. Todos se desplomaron en el suelo; afortunadamente no pasó nada, aunque algunos se encontraban a un metro del punto donde cayó. Yo y varios subordinados de la compañía estábamos – *mirabile dictu* –, en la iglesia en ese momento.

Mi revólver llegó esta mañana.

Después de ser relevado en la trinchera, el miércoles regresé, comí con los demás oficiales de la Compañía C en Reserve Billets – una cervecería –, y recién a la una me dieron una cama en nuestra casita. Y tuve que presentar las armas por la mañana, durante una hora, al amanecer – como hago siempre, y también al anochecer. Luego me fui a dormir y dormí hasta las 2 de la tarde. Dormí en un cobertizo sin puertas, sobre paja dispuesta sobre un suelo de ladrillo. Mi cobijo sobre paja, mi abrigo como manta, mis pies en un bolso y una goma de viento como almohada; y dormí tan bien como en casa. Este lugar está plagado de ratas y piojos; se puede escuchar el ruido del animal cuando cae el silencio. Hacen plop, plop, plop en el techo, como si se vieran obligados a caminar rápido porque sus patas se hunden en la paja. Justo encima de mi cabeza me doy cuenta, por el ruido, que hay una familia de ratas. De vez en cuando se asustan y huyen, y mientras se mueven, el polvo del techo cae sobre mi cara.

Pero pronto nos acostumbramos, y tras decir "*¡Nom d'um chien!*" girar hacia el otro lado. Estas ratas se levantan tan temprano como nosotros.

Me aterroriza la idea que una rata pase por mi cara; pero mientras mi ordenanza duerme en la casa de al lado, me consuelo con la posibilidad de no ser yo el elegido. Es cierto que el ordenanza ronca mucho, lo que reduce la posibilidad que las ratas lo paseen.

En las trincheras no siempre estamos ociosos. Los últimos tres días he estado de pie toda la noche. El trabajo consistía en cavar comunicaciones entre las trincheras. Me acosté a las 4:30 y dormí hasta la hora de la merienda, y luego un poco más por la tarde. Por esta razón mis cartas no han sido frecuentes.

Lo extraordinario es que el momento no requiere soldados, sino ingenieros civiles. Hay que cavar zanjas y está el drenaje y transporte de tierra. Las paredes suelen estar apiladas y el suelo se cubre con tablas sobre soportes de madera. Y ahí está el suministro de agua. Me divertí colocando una "fuente" en mi trinchera. Un agua muy clara y potable, después de hervir, corría desde cierto punto a razón de medio litro por minuto, formando mucho barro en la zanja. Al embalsar esta pequeña agua y colocar una botella sin fondo en la parte superior de la presa, la vemos correr como un hilo por el cuello; cae en un agujero de suficiente ancho para recibir un balde de agua y luego correr por una zanja excavada cerca de la pared. Más adelante se vuelve a represar en un tanque que los hombres usan para lavarse; y finalmente se pierde en un pantano detrás de la trinchera.

Este trabajo me dio mucho gusto y hay otros similares; puentes de tablones a realizar, escalones y asientos, etc. ¡Un oficial tenía media docena de hombres construyendo un lecho de viento! Pero no fue por él, sino por el capitán, que tiene meningitis y no puede dormir.

A los soldados les gustan estos servicios. Mucho mejor que no hacer nada.

Voy a colarme en mi cuartel y prepararé un poco de té en el Primus – no se permiten fogatas.

Un cuco canta en un árbol cercano, claramente visible. Huyó apresuradamente cuando uno de nuestros cañones disparó cerca del castillo. Supongo que fue la primera vez que vi este pajarito. Me parece admirable lo mansos que se vuelven los animales. Ahora tienen mucha tierra disponible, especialmente las ratas, que prosperan libremente en el espacio entre las trincheras. Todo está tranquilo por aquí en estos momentos.

Estamos a la vista de un lugar muy conocido – Ypres, por supuesto –, que ha sido bombardeado en tres o cuatro lugares durante días y el fuego sigue siendo intenso. Un magnífico espectáculo nocturno. El lugar parece una ciudad muerta y en ruinas, y ciertamente no hay nadie allí para prenderle fuego. En este caso lo mejor sería el fuego. Ese lugar debe estar en extrema necesidad de purificación.

Me interesó mucho el sueño de mi padre.[1] Su carta tiene fecha del 8 y dice que en un sueño me vio en "la parte más dura de la pelea", pero que del otro lado me estaban protegiendo.

---

[1] "7 de mayo de 1915. No creo que tuviera muchas intuiciones conscientes; es que siempre sueño vívidamente, estos sueños no son nada. Quiero decir, aunque los escribo, tal vez porque son raros. Pero esta mañana tuve una intuición, cuando todavía estaba medio dormido, y fue que se estaba produciendo un atentado en el que participaba mi hijo, pero que "ellos" lo protegieron. Tenía esto muy claro en mi cabeza antes de leer los periódicos matutinos; no hay nada en ellos que pueda sugerirme la intuición porque la noticia traída se retrasa. Pueden; sin embargo, sugerí que hubo una pelea en Elevation 60 y sé que Raymond no estuvo allí, está lejos de Ypres."

Además de estas notas tomadas el 7 de mayo, debo agregar que es destacable la coincidencia temporal entre el sueño y el hecho, especialmente porque fue el único sueño o "impresión" que recuerdo haber tenido durante la guerra. Normalmente no sueño.

Pero como este incidente sugiere la idea de un posible presentimiento, debo declarar que nunca he tenido ningún problema grave hacia Raymond. Mi esposa confiesa que su ansiedad por Raymond,

No sé nada sobre las "peleas más duras", pero he estado en lo que solo puedo describir como un infierno de metralla. De mi diario veo que la cosa ocurrió el día 7 a las 10:15 de la mañana. Nuestra compañía había sido enviada de una serie de trincheras a otra más cercana a la línea de fuego, y la formación adoptada fue la de pelotones en línea de uno, separados por una distancia de 20 a 50 yardas. Yo estaba en el tercer pelotón, con el noveno, no en el mío. Fletcher lideró el último.

Bueno, no habíamos avanzado mucho cuando las ametralladoras nos notaron, y también un avión, que empezó a volar sobre nuestras cabezas y en la misma dirección. Nos enviaron algunos "Johnsons", que no acertaron; estábamos defendidos por una presa de embalse. Sin embargo, tuvimos que cruzar un pueblo en ruinas y ellos lo sabían, así que arrojaron los cañones allí. Esta vez escapamos. Pero cuando salimos del pueblo nos atraparon. Granada tras granada explotaron sobre nuestras cabezas, y cuando otros tres y yo doblamos una esquina, una explotó en el lugar exacto al que apuntaría si fuera el enemigo. Miré hacia arriba: vi el aire surcado de metralla, algunas pequeñas y otras grandes. Caían como lluvia a nuestro alrededor. No me pasó nada. Mi ordenanza, que estaba justo detrás de mí, quedó herido ligeramente en una de sus rodillas. Estaba bastante aterrorizado. Lo llevé a la esquina y lo escondí en una zanja. El resto del pelotón hizo lo mismo. Parecía mejor mientras durara el bombardeo, pero Fletcher gritó que teníamos que seguir adelante pase lo que pase.

Entonces llamé a los hombres y, dejando a uno de ellos con el herido, avanzamos. Las cosas fueron horribles – al retroceder es importante no "doblar" los hombres, porque quedan desprotegidos; pero en este caso íbamos avanzando, entonces me parece que hice lo correcto. Me sentí muy protegido. Fue realmente un milagro que

---

que es constante, no estaba en este día especialmente agudo, gracias a la idea de que estaría protegido. Miren sus palabras a una amiga, el 22 de marzo: "Lo traeré de vuelta sano y salvo. Siento un agujero en mi corazón que no se cerrará hasta volverlo a ver aquí. Lo vi por un hora justo antes de la salida, porque yo estaba ausente – y él pasó aquí seis horas…"

no fuéramos arrasados. La metralla; sin embargo, parecía de mala calidad. Solo tuvimos un hombre muerto y cinco o seis heridos, ninguno de gravedad.

Nos dirigimos a una trinchera de apoyo, y a los dos días nos trasladamos a otras trincheras de apoyo, a unos metros de distancia. Las cosas están tranquilas ahora y realmente me doy el gusto. Si no fuera por las horribles escenas que constantemente corremos el riesgo de ver, la guerra sería algo muy interesante.

✶ ✶ ✶

Me siento un poco decepcionado por tener que irnos de aquí esta noche. Fletcher y yo íbamos a reconstruir esta trinchera. Él, que es arquitecto, hizo un plan cuidadoso.

Otra decepción fue cuando me encontré atrás, en un bosque – como apoyo. Esto me recordó a uno de nuestros sargentos en Edimburgo, un irlandés llamado O'Brien. Lo encontré en el andén muy triste. Le pregunté qué pasó y su respuesta me sorprendió: "¡Me lo di en la cabeza!" Es solo que se había quejado de una mejora en su posición desde el cuartel general y le dijeron que no merecía nada. Esto lo dejó desconsolado. Bueno, yo también lo tomé en mi cabeza. Me han dado la tarea de construir una choza, ya la estaba terminando cuando llegó la orden de partir. Pero si regreso al bosque, completaré el trabajo, cualquiera que sea el toque final que le hayan dado los ocupantes posteriores.

He disfrutado levantando represas con sacos de arena. El sargento me preguntó con toda seriedad si yo era albañil de profesión. Me hizo sentir tremendamente orgulloso.

14 de mayo de 1915.

Ayer logré darme una gloriosa ducha caliente. Fletcher y yo fuimos a una cervecería cercana. Bañera de zinc, grande, con tanta agua y tan caliente como quisiéramos...

También dediqué algún tiempo a protegerme de las goteras de nuestro refugio. Con mis dos sábanas impermeables defendí mi cama, para que el agua corra por los lados sin que yo sepa a dónde va. Pensé en indicarle cuál sería su próximo compañero, como solían hacer los alemanes en la campaña de invierno. Adaptaron una bomba a sus trincheras y vertieron el agua de nuestro lado, pero el plan fue descubierto...

16 de mayo, 17.40 horas.

Ayer tuve una hermosa noticia. Hace tres semanas nos llamaron por la noche para construir urgentemente una nueva trinchera. Los hombres actuaron espléndidamente, realizando el trabajo muy rápidamente – trabajo realizado en la oscuridad. Al día siguiente el brigadier lo inspeccionó y envió sus saludos al coronel. ¡Luego nos felicitó nuevamente por el mismo trabajo! Teníamos varios trabajos de este tipo por hacer; recientemente uno en la cota 60, donde se trataba de profundizar las trincheras y mejorar los parapetos. Para este servicio nos mandaron a préstamo a otra División – la División que actualmente ocupa ese sector –, y estuvimos fuera de aquí una buena semana. Logramos la mención de General de esa otra División y como resultado fuimos elegidos como el "Batallón Pionero." Nos liberamos del trabajo común de las trincheras. Salíamos de noche a cavarlos o construir parapetos; el día que lo tengamos para nosotros. Este fue el acuerdo de ayer y anoche regresé aquí a la 1:30 de la mañana. El trabajo se hace bajo el fuego de la inquietud, nada grave. El coronel está muy satisfecho con nuestra laboriosidad y yo estoy muy contento con el nuevo acuerdo. La gran ventaja es poder estabilizarnos en un punto, sin tener que recoger nuestro equipo constantemente y seguir adelante. Ahora podemos hacer mesas, sillas y camas, una puerta más decente para la cabaña, una ventana, etc.

A UN HERMANO

26 de mayo de 1915.

Quizás ya lo hayas leído, pero te recomiendo mucho Simon Dale, de Anthony Hope.

Teníamos gasolina aquí el lunes temprano por la mañana, alrededor de las 3 o 4 de la tarde. Aunque viene de cuatro millas de distancia, como supimos después, nos golpeó muy fuerte y nos quemó mucho los ojos.

Logré conseguir algunas bebidas en Railhead: una botella grande de Chartreuse y una botella de Curaçao.

Adiós y mis mejores deseos.

29 de mayo de 1915.

Recibí tu carta hoy a las 5 en punto. Me dio mucho placer. No, no estoy haciendo las cosas mejor de lo que realmente son, pero por supuesto me gusta escribir lo más agradable posible. Tenemos momentos desagradables, bombardeos y demás, pero nada tan malo todavía. Estar sobre brasas es peor. En cuanto a que Fletcher sea lo que es, llegó aquí mucho antes. Salió de Edimburgo el 4 de enero y de Laws el 31 de diciembre. Soportó terribles travesías y realizó toda la campaña invernal; el tiempo que un hombre está bajo esta terrible presión mental tiene una gran influencia. Hago lo mejor que puedo para permanecer alegre y feliz en todo momento – y no creo en enfrentar la mitad de la desgracia –. Si hubiera algún indicio del inminente fin de la guerra, todo mejoraría. La visión del gusano es algo desalentadora. Me alegro que Italia haya entrado, ¡después de todo!

2 de junio, 16:45 horas.

El último miembro de nuestro rancho es un hombre que aun no ha sido comisionado. Sargento Mayor de nuestro 1er Batallón, con alrededor de 26 años de servicio; por lo tanto, conoce la tarea.

Lamentablemente su llegada no fue una bendición. El Capitán está entusiasmado y quiere que nuestra compañía sea la mejor del Batallón. Resultado: paradas y más paradas, con mucho menos descanso que antes. Cuando nos convertimos en el batallón pionero, el coronel nos dijo que cavaríamos trincheras por la noche y que durante el día no haríamos nada excepto inspeccionar las armas. Ahora, sin embargo, tenemos otra hora de entrenamiento de varios tipos por la mañana y una conferencia para suboficiales por la tarde, a la que los subalternos deben asistir y tomar notas. El día después del descanso nocturno, tenemos que levantarnos a las siete para realizar 30 minutos de ejercicio físico antes del desayuno. Luego una hora y media de formación y la conferencia. Y las paradas van en aumento. Me temo que nos desperdiciarán a todos y a nuestros hombres. A Thomas le molesta mucho y está muy molesto. Temo que llegue a ser como Laws y Fletcher. Algunos "veteranos" son muy buenos compañeros. Ellos tienen una experiencia tremenda, pero por otro lado nosotros también tenemos la nuestra, y cuando ellos están arriba se vuelven insoportables...

Hoy recibí un suministro de parafina; la compañía D compró un barril y le envié una lata de queroseno para traer nuestra parte. ¡Recibimos dos galones a cambio de un panel de vidrio! Busqué por los alrededores, la encontré y le envié mis saludos.

3 de junio de 1915.

Estoy bien otra vez hoy; no presté atención a mis quejas, porque eso depende del estado del momento; y protestaré contra estas paradas. Anoche tuvimos un tiempo fantástico. Nos dirigimos al centro de la ciudad, que todavía está bajo fuego. El enemigo continúa enviando ocasionalmente sus bombas allí para mantener el *"status quo."* ¡En las afueras de la ciudad hay un cementerio casi liquidado! La vista es muy desagradable.

La ciudad se ha convertido en algo increíble. Nadie puede imaginar que habrían causado tal daño sin dejar una casa intacta – ¡y desde lejos, sin penetrar en ella!

Nuestro trabajo de excavación de anoche se realizó cerca de una carretera muy transitada – se puede escuchar el ruido del tráfico por la noche. Esto hace que envíen allí sus metralla, lo que nos trajo un agradable "clima cálido." Fue un placer volver ileso.

Me interesó mucho el folleto de papá sobre la guerra y el cristianismo y se lo transmití a otros. Me gusta la forma en que se queda a un lado y mira las cosas desde arriba. Una lectura muy reconfortante.

6 de junio de 1915, 12.00 horas.

Ayer el rancho vibró intensamente con la llegada del salmón. ¡Qué espléndido! Tuvimos un excelente desayuno hoy, casi igual que nuestras fiestas – desayuno después del baño –, con Alec, ¡sin duda...!

Todos los días recibimos rosas para la cafetería, lo que nos hace muy felices. El otro día comimos excelente. Nos sentamos a la mesa con velas en el centro y jarrones con rosas alrededor – estos jarrones en realidad no eran más que latas viejas. Las delicias, una especialidad, aunque no recuerdo cuáles eran; Clou era violinista y... violín, ¡todo real! No sé cómo acabó aquí este violín y el violinista, que es de Artillería y toca maravillosamente. Tiene el pelo largo, patillas, botas grandes, un aire vienés. Empezó tocando óperas clásicas y nos regaló un *intermezzo de Cavalleria Rusticana*. Luego, *Gypsy Love* y *la viuda alegre*. Terminó con ragtime americano. Lo estimulamos con una dosis de whisky y a partir de ahí la música se volvió ligera. Me divertí mucho viendo el efecto. Finalmente empezó a caminar alrededor de la mesa, tocando fuerte, como si estuviera dando una serenata.

Me vacunaron de nuevo el viernes porque la vacuna solo es eficaz durante seis meses y existe el temor de contraer tifus. Este parece ser el entorno ideal para el tifus: tierras bajas, poca agua y suelos muy abonados. Tenía un poco de fiebre y estaba débil, pero ya estoy mejor. Tengo que repetir la vacuna diez días después, pero la segunda vez no es tan mala.

Hablando de rosas, Thomas escogió una belleza esta mañana – antes que me levantara –, y la trajo a mi cama. Ahora lo tengo ante mí: cinco pulgadas de diámetro y muy fragante.

16 de junio, 13:30.

Esta mañana temprano hubo un ataque y nuestra compañía estaba esperando a los prisioneros. ¡Pobres diablos! Sentí mucha pena por ellos. Un oficial de 16 años con seis semanas de servicio. Ancianos con barba gris y estudiantes con gafas: gente no apta para la lucha.

Estoy en el servicio de ametralladoras, para un curso de 15 días, a partir del 26 de junio.

21 de junio, 4:30.

Lo hemos pasado fatal últimamente y lamento decir que perdí a Thomas. Fue herido en la cabeza por metralla la noche siguiente al ataque – los periódicos debieron haber informado de la noticia –, y murió una hora después sin haber recobrado el conocimiento.

Noche trágica; se ordenó a todo el batallón que excavara y consolidara las posiciones conquistadas. Avanzamos hasta la mitad y nos detuvimos, bloqueados por los heridos. En un camino junto a una valla esperamos una hora y, aunque no nos podían ver, teníamos mucha metralla sobre nuestras cabezas. Para empeorar las cosas, llegaron bombas de gas que nos obligaron a ponernos máscaras. Demasiado desagradable; casi no podemos ver. Fue en esta espera que Thomas cayó.

Estamos devastados por esta pérdida, y yo más que nadie, ¿y qué será en su casa, donde es el favorito?

La noche siguiente volvimos a salir, pero fue una noche tranquila, sin desastres. El campo de batalla, terrible; todos mis hombres de reserva empleados en enterrar cadáveres.

Todos esperamos volver nuevamente al "pionero."

Nuestra preocupación es el tiroteo de los exploradores. Estamos en un bosque y necesitamos pedir agua y otras cosas al campamento, lo que significa que debemos caminar fuera de las trincheras, no dentro de ellas. Y quienes salen en este servicio toman el camino más corto, a pesar de las advertencias. Hay un punto que ofrece buenas vistas y recuperan a nuestros hombres antes que se hundan en la trinchera. Esta mañana tuvimos una persona herida y hace unos minutos me vi obligado a interrumpir para ayudar a un hombre de la compañía B que recibió un disparo grave. ¡Y siempre en el mismo lugar! Pusimos un aviso allí que espero que funcione.

Lamento que esta carta no llegue con alegría, pero últimamente hemos tenido mucha tristeza. Nos estamos dominando a nosotros mismos. Afortunadamente, estas cosas se van absorbiendo poco a poco; al principio no entendí esto. Fue un duro golpe porque, especialmente después que Fletcher se fue – ahora está en casa –, todos nos hicimos muy buenos amigos y siempre existe la posibilidad de perder a alguno de repente. Thomas fue el primer oficial de la compañía C en morir en estos siete meses.

La otra vez que estábamos cavando trincheras en este bosque, la compañía B perdió al Capitán Salter. Supongo que viste su nombre en el Cuadro de Honor. Estábamos recogiendo nuestras palas cuando lo golpearon en la cabeza. Bala perdida.

Estoy triste, pero gozando de buena salud. Cuando llegamos aquí, nuestra caja de municiones de boca se extravió con todas las cosas buenas. El resultado fue que nos faltaba boya. He estado comiendo un rancho horrible y disfrutándolo. Huevos fritos y tocino frito, ¡todo junto! ¡Horrible, pero, por Dios, el hambre es un hecho!

22 de junio, 16:45 horas.

Ay, qué guerra tan larga, ¿no? No importa; terminará sin mucho esfuerzo por nuestra parte, cuyo trabajo consiste realmente en matar el tiempo. Y no es difícil, es muy agradable. Los días van pasando, bonitos días de Sol, acercándonos cada vez más al final. Ha habido casos en los que la guerra llama la atención de la gente, pero a menudo pienso que si la paz llegara de repente, muchas personas se volverían locas.

La unanimidad de opiniones a este respecto me parece admirable, y lo mismo debe decirse de los alemanes.

No creo que nunca haya habido tantos hombres en el mundo tan "hartos" de la guerra. Y tantas mujeres también están hartas, en casa; y por eso no sé de dónde viene la fuerza que mantiene la guerra.

Pero no quiero que te lleves una impresión falsa. Basado en el último, pensarías que las cosas aquí siempre son horribles. No es verdad. En total no lo es. La vida es muy interesante y los malos momentos son minoría. Se presentan, pero como excepciones. Parece un picnic interminable en todo tipo de lugares, bajo limitaciones y con la inquietud en el aire. Esta inquietud es puramente mental; y cuanto menos pensemos en ello, mejor; para que podamos vivir contentos y felices a menos que no exista una tendencia innata a hacerlo. Eso es lo que les sucede a Fletcher, Laws y algunos otros. Llevan mucho tiempo en guerra y han sufrido muchas cosas desagradables, sin el descanso necesario. Solo los más fuertes podrán resistir esto.

Lord Kitchener y el señor Asquith estuvieron aquí por la noche; aquí, en este convento. No sé con qué fin, pero la visita causó revuelo.

Way y yo fuimos a la ciudad anoche. Alquilamos un taxi para el viaje de regreso. Realmente disfrutamos el recorrido. El *fiacre* es el vehículo que en Inglaterra se designaba con el nombre de "victoria", pero en Francia, donde la etiqueta parece no conceder importancia a los vehículos, *fiacre* es la única palabra aplicable al carro – y va bien. Expresa no solo su miseria sino también su apariencia atrasada.

Entramos en unas cuadras buscando ese vehículo; un joven gordo con un delantal azul y un pañuelo atado sobre el ojo dijo que podíamos conseguir uno. Le pregunté: "¿Y el chofer?" Se dio unas palmaditas en el pecho: "Yo."

El precio era seis francos más propina. No olvides el consejo. Estuvimos de acuerdo y fue a buscar un caballito francés.

Era un taxi muy cómodo, pero nos sentíamos incómodos conduciendo en esa cosa absurda, especialmente cuando pasábamos a los oficiales, lo cual ocurría con frecuencia. Y cuando el chofer se fue, lo sentimos mucho.

29 de julio, 7:35.

Aquí estoy de nuevo en las trincheras[2], todo como la primera vez, a pesar del efecto perturbador de los días pasados en casa. Ah, no puedo evitar reírme de ciertas cosas aquí. Cosas que a veces me hacen reír – no histéricamente, bien entendido, sino a carcajadas. ¡Todo tan absurdo, los motivos y las causas que me arrastraron hasta este desagradable rincón de Bélgica! Tan pronto como llegué, tuve que buscar casa inmediatamente, por todas partes, como lo más natural del mundo. Y una vez que conseguí la casa y empaqué mis pertenencias en ella, la consideré mi hogar y pasé unos días allí. Pero de repente, mi ordenanza y yo hicimos las maletas y las llevamos a la espalda, como dos gitanos, a otro campo, a pocos kilómetros de distancia, y llegó el momento de encontrar un nuevo hogar...

Me costó salir de mi hueco en primera línea, porque había organizado las cosas a mi manera, con la mesa puesta para que hubiera luz, etc. Dentro había una mesa hecha, una silla y una cama hecha con sacos de arena. Pequeño y cómodo.

Pero este agujero mío ahora también es suave. Amplio, con ventanas enmarcadas aunque sin cristales, mesa cuadrada de cuatro patas, tres sillas y cama de arena. Entonces estoy muy feliz. El lecho de arena se hace así: un trozo de terreno de 6 pies 6 pulgadas por 3 pies 6 pulgadas se forma con sacos de arena llenos de tierra. Encima hay varias bolsas vacías. Si las depresiones y elevaciones están correctamente distribuidas, la cosa se convierte en un éxito. Dormimos vestidos, cubiertos por el abrigo, con una almohada de aire.

Hemos pasado un tiempo muy alegre en las trincheras. Creo que ya mencioné el avión que nos sobrevoló. Fue el domingo. Lo

---

[2] El 16 de julio Raymond se presentó en nuestra casa de permiso y recibió una gran acogida. El día 20 regresó al frente.

derribamos. El boletín oficial dice que ambos pilotos murieron. El lunes fui a una trinchera de apoyo, a tomar té y hablar con Holden y Ventris, dos oficiales de la compañía C. A las diez menos cuarto se produjo una terrible explosión que sacudió nuestro agujero durante unos segundos. Los alemanes habían hecho estallar una mina a 60 pies de distancia, con la esperanza de volar parte de nuestras defensas.

Corrí hacia mis armas; ambas resultaron ilesas. ¡Quería que escucharas el choque! Todos los hombres corrieron hacia la barandilla y abrieron mucho los ojos. ¡Emocionante! Una de las ametralladoras disparó 500 disparos y otros 50. Después supe que muchos enemigos fueron vistos saltando los parapetos, pero tuvieron que retroceder cuando escucharon el estallido de la ametralladora. Tomó tiempo para que regresara la calma.

Estábamos en la elevación 60 y también más arriba, en Ypres. Ahora estamos al sur de ese horrible lugar, pero con pesar supe que mañana nos dirigimos al norte. Esto nos dejó deprimidos.

7 de agosto, 7:30.

He estado pasando por malos momentos estos días – esos momentos que nos hacen ver que la guerra no es un picnic –, pero gracias a Dios las cosas se detuvieron.

Hoy completamos quince días en las trincheras y es fácil ver que estamos ansiosos por cambiarnos de ropa. La mayoría de los oficiales no se cambiaron de ropa en todo ese tiempo, pero tuve suerte. Después de dos duchas frías allí, hoy me he dado una magnífica ducha caliente en una bañera de madera. ¡Tremendo lujo! También logré cambiarme los calcetines.

El día que me bombardearon en el agujero, mi ordenanza Bailey recibió una metralla en la pierna y lo llevaron a la retaguardia; no creo que sea una lesión grave. Fue una gran pérdida, pero ya tengo otro ordenanza, Gray, a quien le está yendo muy bien. Joven muy bondadoso e inteligente.

El lecho de arena se moja mucho, así que tengo que cubrirlo con mi hule. Duermo así o sobre bolsas nuevas vacías. Pero claro, ¡no es solo la humedad lo que nos molesta!

Cuando vivimos activamente, la humedad no nos molesta mucho. Es habitual que usemos zapatos mojados y estemos tres o cuatro días sin quitárnoslos, algo desagradable, sí, pero no perjudicial para nuestra salud.

16 de agosto, mediodía.

Ahora estamos descansando. Hicimos 19 días de servicio y algunos incluso hicieron más. Tres semanas es mucho tiempo, tres semanas seguidas sin quitarte la ropa, sin quitarte los zapatos y las perneras...

Ya llevo aquí cinco meses y once en el ejército. Pronto me jubilaré como veterano.

29 de agosto, 11:30.

Estoy disfrutando de un tiempo libre tranquilo en este momento y es bien merecido. Estuve en las trincheras de apoyo durante tres días y trabajé dos noches, de 7:30 am a 3 am, en obras de construcción y reparaciones. La tercera noche sucedió algo emocionante. La compañía del capitán Taylor fue enviada al frente para abrir una nueva trinchera conectada a la nuestra por la izquierda. Tuvimos que trepar por una zanja y en cierto punto trepar por el parapeto y arrastrarnos hasta el punto donde cavarían la nueva. Hicimos el trabajo en la oscuridad, pero había Luna y nos vieron. La distancia a la línea enemiga era de 30 metros. Un pelotón de nosotros nos protegió con bombas. Fue un trabajo muy duro, porque nunca paraban de tirarnos granadas y lo peor eran los disparos al apuntar, desde tan cerca.

Pero nuestras pérdidas fueron menores de lo que esperaba. Tan pronto como lo dejamos, el coronel llegó a la nueva trinchera y elogió mucho a la compañía C; lo mismo hizo el general. El capitán Taylor estaba orgulloso.

Los hombres que perdimos por los disparos fueron enterrados justo detrás, después de un cuarto de hora de estar tumbados. Horrible. El General nos dio descanso al ver nuestro cansancio. Fue una gran misericordia. Corto descanso. Creo que tenemos que regresar, tal vez esta noche.

Nos quedaremos aquí hasta mañana por la noche y luego, supongo, tendremos que cavar más trincheras cerca de las nuevas. Nos faltan subalternos y yo ya no tengo servicio de ametralladora. Estoy harto, pero aguanto. En la última trinchera construida había una buena posición para ametralladoras y tuve el placer de prepararla a mi satisfacción...

6 de septiembre, 9:30.

Gracias por tu carta consoladora. Ya estoy acostumbrado a esto. A veces dudo de mi utilidad, que no parece ser la que me gustaría que fuera. ¡Probablemente ayudaré a mantener a los oficiales de la compañía C de mejor humor! Lo que me molesta es que me alejaron de las ametralladoras. Espero que no sea por mucho tiempo.

Próximamente se esperan grandes eventos en los que participaré. Estamos descansando ahora. Últimamente solo hemos tenido períodos de tres días en las trincheras.

Nuestros dos últimos días en las trincheras estuvieron tremendamente húmedos. En casa, eso me habría provocado una doble neumonía. Mi abrigo está empapado, así que tengo que dormir con una túnica y unos culotes mojados.

La lluvia ha sido incesante; el suelo de nuestra trinchera está inundado: el agua se vierte debajo de los sacos de arena.

Por suerte escapé de dormir con ellos porque esta noche me entregaron. Pero antes de partir tuve que trabajar con 50 hombres, hasta medianoche, vaciando la trinchera. A las 8:30 me puse las botas llenas de agua y las dejé puestas hasta las 12, y luego caminé unas ocho millas. Después de nueve horas de merecido descanso y alguna boya, otros tres o cuatro kilómetros. ¡Qué agradable quitarnos las botas y encontrar las maletas y la tienda de campaña!

Esta noche fui a Poperingne con el capitán Taylor y tuvimos una cena realmente buena: ¡una gran celebración!

Lamentablemente seguimos con las paradas; por lo demás todo bien...

Alec tuvo una buena idea al enviarme un "Molesworth." Muy útil.

Me gustaría recibir un periódico, preferiblemente El Motor, o El Autocar. Es ser niño, ¿no?

El capitán Taylor perdió un pie al caer de un caballo y está fuera de servicio. El mando de la compañía recayó en mí. Solo quiero que no sea por mucho tiempo. Mucha responsabilidad.

9 de septiembre, 15.30 horas.

Tengo que darme prisa para llegar a la oficina de correos.

Fuimos inspeccionados por el comandante del cuerpo, general Plumer – Sir Herbert.

Todavía estoy al mando de la compañía C y tuve que andar con el General y una serie de Generales, Coroneles, etc. más pequeños. Me preguntaron muchas cosas.

– ¿Cuánto tiempo lleva en la Compañía? ¿Cuánto tiempo estuviste lejos? Respondí que desde marzo. Luego me preguntaron si estaba herido o enfermo. Respondí que no.

– ¡Chico rudo! – Dijo el General, o al menos eso pensé que iba a decir.

Estamos muy ocupados en este momento. Escribiré una carta más larga más tarde. Pido disculpas.

Ayer llegó una caja de cigarrillos, creo que enviada por Alec.

Tenemos una tienda de campaña nueva y la necesitábamos porque en ella dormíamos cinco personas. Ahora nos quedamos con dos. La nueva tienda es de un hermoso color gris, el color de una nube espesa. Cuando termine la guerra compraré una.

Me volveré insoportable, lo sé; Quiero todo en el momento adecuado y a tiempo. No importa: ¡que termine la guerra!

¡Hurra, hurra! ¡Buen tiempo, grandes dioses! Un avión – inglés –, aterrizó ayer en nuestro campo, levemente dañado. ¡Está bien, adiós! Amor. Amor.

Raymond.

12 de septiembre, 14 h.

Les informo que sigo al mando de la compañía y que esta tarde a las cinco de la tarde nos dirigimos a las trincheras del frente para una inspección común. ¡Vamos en autobús...!

¡El capitán T. planea permanecer alejado durante un mes!

***

Telegrama del Ministerio de Guerra

17 de septiembre de 1915.

Lamentamos profundamente tener que informarle que el segundo teniente R. Lodge, del 2.º South Lancs, resultó herido el 14 de septiembre y falleció. Lord Kitchener le envía su más sentido pésame.

Telegrama del Rey y la Reina

Los Reyes lamentan profundamente la pérdida sufrida por usted y el Ejército, con la muerte de su hijo al servicio de la patria. Sus Majestades comparten sinceramente su dolor.

Capítulo III Cartas de amigos

Llegaron algunas cartas de oficiales con detalles. Fue una época excepcionalmente terrible para el saliente de Ypres, por lo que no hubo tiempo para escribir. Algunos de sus amigos murieron al mismo tiempo o poco después.

DEL TENIENTE FLETCHER
21 de septiembre de 1915.

Raymond fue el mejor camarada que he tenido; siempre estuvimos juntos; primero en Brook Road, luego en Edimburgo y finalmente en Francia, y nadie podría tener un mejor amigo que él.

Nunca olvidaré el día que nos conocimos en Dickebush y lo contentos que nos alegramos de verlo. Él siempre fue el mismo, siempre dispuesto a cooperar de la mejor manera; sus hombres lo adoraban e hacían todo por él.

24 de septiembre de 1915.
Me enteré que estábamos cavando trincheras frente a las actuales en St. Eloi la semana pasada, así que debe ser allí donde fue herido. Raymond estaba absorto en cavar trincheras y muchas veces tuve que aconsejarle que se mantuviera agachado mientras supervisaba el trabajo...

Siempre esperé salir ileso de la guerra, y él también. La última vez que lo vi hicimos grandes planes para después de la guerra, y ahora me cuesta entender que ya no existe.

(Firmado) Eric Fletcher.

DE TENIENTE CASE A LADY LODGE

24 de septiembre de 1915.

Sentí inmensamente su muerte, porque era uno de los mejores jóvenes que conocí. Universalmente amado tanto por oficiales como por soldados, no hace falta decirlo...

Estuve en la compañía C durante tres meses y puedo dar testimonio de su extrema serenidad y habilidad en las cosas militares. Fue herido alrededor del mediodía y murió media hora después. No recuerdo la fecha, pero le escribí con más detalle a su hermano. No creo que haya sufrido mucho. Estaba consciente cuando llegué; supongo que me reconoció y me quedé un rato a su lado. Luego salí a ver si podía encontrar al médico, pero todos los teléfonos estaban cortados y, aunque viniera el médico, no habría nada que hacer. Los camilleros hicieron lo que fue posible...

Otro oficial. El señor Ventris fue abatido en la misma ocasión, junto con su ordenanza Gray.

(Firmado) Caso G. R. A.

DEL CAPITÁN ST BOAST
17 de septiembre de 1915.

En primer lugar, mi más sentido pésame para usted y su familia por la pérdida de su hijo, el segundo teniente Lodge. Esta pérdida fue muy grande: era una criatura encantadora, siempre feliz y cooperativa, trabajadora, un brillante ejemplo de lo que debe ser un soldado. Era un oficial eficiente, recientemente calificado en el manejo y mando de ametralladoras Maxim, algo importante en esta guerra. Las circunstancias de su muerte fueron brevemente estas:

El 14 de septiembre la compañía C, a la que pertenecía, se encontraba posicionada en una trinchera contra incendios. Por la mañana el comandante de artillería de cobertura le informó, como comandante de compañía, que iba a bombardear las posiciones enemigas y como sus trincheras estaban muy cerca de las nuestras, le aconsejó que se retirara durante el bombardeo. Lodge ordenó a la Compañía retirarse, manteniendo comunicación con la trinchera trasera. Él y el segundo teniente Ventris fueron los últimos en abandonar la trinchera, y cuando llegaron a la que estaba detrás, Ventris murió y Lodge resultó herido, muriendo poco después. Estas son las circunstancias de su muerte.

DEL CAPITÁN A. B. CHEVES
22 de septiembre de 1915.

El coronel me pidió que le escribiera con alguna idea de dónde estaba enterrado su hijo. Vivió unas tres horas después de ser herido y todos hablan muy bien de su conducta durante ese tiempo. La herida que recibió fue de esas que no dejan esperanza de salvación, como todos lo reconocieron, incluido él mismo. Cuando por la tarde fue retirado el cuerpo, la expresión de su rostro era absolutamente tranquila, de lo que concluyo que murió sin dolor. Lo enterraron esa misma tarde, en nuestro cementerio, al lado del teniente Ventris, fallecido en la misma ocasión. El cementerio está en el jardín de una finca en ruinas. Está bien vallada; la tumba de su hijo estaba bajo grandes árboles. Allí hay tumbas de hombres de varios regimientos. Lodge está rodeado de alambre, lo que lo distingue de los demás. Hay una cruz de madera a lo largo y otra más pequeña a los pies. Nuestro más sentido pésame será de poco consuelo para un padre, pero Raymond era uno de los oficiales más populares del batallón, tanto entre los soldados como entre los oficiales, y todos lamentamos profundamente su muerte.

2da Parte

Lo Sobrenatural

¡Paz, Paz! No está muerto, no duerme. Ha despertado del sueño de la vida.

Shelley, Adonais

Capítulo IV Sobre las comunicaciones sobrenaturales

"Pero él, el espíritu mismo, puede venir donde todo el nervio de los sentidos está entumecido."

Tennyson, *in memoriam*

Cualquiera que sea la actitud del mundo científico, hay muchas personas que, por experiencia personal, conocen la posibilidad de comunicación entre el mundo percibido por nuestros sentidos corporales y una existencia más amplia, de la que sabemos muy poco.

Esta comunicación no es fácil, pero se produce; la humanidad tiene motivos para estar agradecida a los pocos individuos que, reconociendo que poseen el don de la mediumnidad; es decir, el don de actuar como intermediarios, se prestan a ser utilizados con este fin.

Estos medios de ampliar nuestro conocimiento y entablar relaciones con lo que está más allá del alcance de la vista animal pueden, como todo en la vida, ser mal utilizados; puede verse como mera curiosidad o explorarse de una manera indigna y egoísta, como tantos otros conocimientos humanos. Pero también puede usarse con reverente seriedad con el fin de consolar a los que sufren y a los afligidos, restableciendo las cadenas de afecto que conectan a las almas y que han sido temporalmente interrumpidas por una aparente barrera. Esta barrera empieza a no ser insuperable; la comunicación entre los dos estados no es tan absurda como pensábamos; se puede aprender algo de lo que sucede del otro lado; y es probable que paulatinamente se vaya acumulando una gran suma de conocimientos sobre este tema.

El afecto creó la comunicación. El esfuerzo para conseguirlo ha sido orientado a asegurar la vivencia de la idea de la continuidad de la existencia personal, haciéndoles comprender que cambiar el mundo de ninguna manera debilita el amor ni destruye la memoria; de ahí la conclusión que la felicidad terrenal no se pierde irremediablemente con la muerte de los seres queridos. Con este fin se recuerdan muchos incidentes triviales, para convencer mejor a amigos y familiares que una determinada inteligencia, y no otra, debe ser la fuente de la que proceden los mensajes, cualesquiera que sean los medios para producirlos.

Quizás el método de comunicación más común y sencillo sea la "escritura automática"; es decir, la escritura realizada a través de la inteligencia subconsciente; la persona que escribe deja su mano libre para registrar lo que le llega, sin ningún intento de control.

Es de esperar que los novatos normalmente no consigan nada o solo obtengan palabrería inútil; lo notable es que ciertas personas obtienen cosas significativas, vinculadas a fuentes de información completamente fuera de su alcance normal. Si existe un germen de este poder en una persona, resulta posible, aunque no siempre deseable, desarrollarlo; pero se requiere mucho cuidado, perseverancia e inteligencia para hacer buen uso de la facultad. A menos que sea una persona equilibrada, autocrítica y sanamente ocupada, lo mejor es no seguir este camino. En muchos casos de automatismo plenamente desarrollado que me han llamado la atención, el "automatista" lee lo que llega y da información oral. respuestas o comentarios sobre oraciones tal como aparecen; de modo que la operación se asemeja a una conversación en la que uno habla y el otro escribe; el lado que habla suele ser el más reservado y el que escribe el más expansivo.

Por supuesto, no todas las personas tienen el poder de cultivar esta forma simple de lo que técnicamente se conoce como "automatismo de agentes", una de las formas reconocidas de la actividad subliminal; pero muchos más lo harían si lo intentaran; aunque para algunos no fue sensato y para otros resultó inútil.

La mentalidad intermedia empleada en el proceso parece ser el estrato habitualmente sumergido o soñador del automatista cuya mano se utiliza. Esta mano probablemente actúa a través de un mecanismo fisiológico normal, guiada y controlada por centros nerviosos momentáneamente desconectados de las partes del cerebro más conscientes y utilizadas normalmente. En algunos casos, el material de la escritura puede emanar enteramente de los centros nerviosos y no tener más valor que un sueño; esto es frecuente en los automatismos elementales puestos en acción por instrumentos conocidos como "tabla" y "ouija", utilizados generalmente por principiantes. Pero cuando el mensaje se presenta con valor probatorio, entonces esta parte subliminal de la persona está en contacto, telepáticamente o de cualquier otra manera, con inteligencias que normalmente no son accesibles: con seres que tal vez viven a distancia, o más frecuentemente con seres que viven a distancia son más accesibles, que "pasaron" a un estado en el que la distancia, en el sentido en que la conocemos, no significa nada, cuyos vínculos de conexión no se revelan en modo alguno especiales. No hace falta decir que la evidencia de fenómenos de este tipo se vuelve absolutamente necesaria y que debemos insistir en obtenerla; pero la experiencia ha demostrado que, aquí y allá, aparecen buenas pruebas.

Otro método es el del automatista en estado de trance. En este caso, el mecanismo fisiológico parece más susceptible de control y menos falsificable por la inteligencia normal de la persona en trance; para que mensajes importantes o reservados puedan ser obtenidos sin su conocimiento. Cuando despiertan, no saben nada de lo que transmitieron. En este estado se utiliza más el habla que la escritura, porque resulta más cómodo para el destinatario; es decir, el amigo o familiar a quien se transmite el mensaje. La personalidad comunicante puede ser la misma que en el otro caso actúa a través de la mano del médium, y los mensajes pueden tener el mismo carácter que los realizados por escritura automática; es decir, parciales. Pero en el estado de trance emerge una caracterización dramática, con la aparición de la entidad llamada "control", que en aparente ausencia de su dueño ocupa el cuerpo del automatista. La evidencia real varía en muchos casos según la personalidad en el trabajo. Sucede a menudo que pequeños rasgos personales, sin importancia para los demás, se manifiestan y destruyen los últimos vestigios de incredulidad. Lo que suceda más allá de esto depende de la formación y el interés personal. En muchos casos cualquier investigación científica fracasa en este punto, porque la comunicación termina siendo un intercambio emocional de ideas domésticas. En otros casos, surge el deseo de producir nueva información; y cuando hay suficiente receptividad y un medio valioso está en acción, se puede obtener mucha información instructiva general. Explicación, por ejemplo, de los métodos de comunicación vistos desde el otro lado; o información sobre la vida en ese otro lado; y en ocasiones buenos intentos de aclarar nuestra confusión respecto de las concepciones religiosas o aclarar nuestras ideas sobre el Universo. Los comunicadores; sin embargo, insisten en que sus informes tienen poco más valor que los nuestros, y que también ellos no son más que investigadores a tientas de la verdad – cuya; sin embargo, sienten la belleza y la importancia –, y el infinito inaccesible a sus mentes detención. Lo mismo que sucede en nuestro mundo.

Este tipo de comunicación es "no verificable", porque no podemos probar la información como podemos hacerlo con las cosas en la Tierra. La información de esta categoría ha aparecido en cantidad y se ha publicado mucho; pero no podemos medir su valor, ya que no son verificables.

A menudo veo que se afirma que todas las comunicaciones psíquicas son de naturaleza trivial, o solo se refieren a cosas sin importancia. Pero las personas con experiencia en la materia no pueden aceptar tal opinión; mientras persista la preocupación por demostrar la supervivencia e identificar a los comunicadores, serán precisamente estas trivialidades de la reminiscencia las más adecuadas para los fines perseguidos. En cuyo caso el fin justifica los medios. Los familiares o amigos reciben referencias a hechos comprobables; y como, para tener valor, estos hechos no pueden ser de carácter público, ni los que aparecen o pueden deducirse de biografías o de la historia, por supuesto tienen que referirse a pequeñas cosas familiares o a pasajes humorísticos que queden grabados en la memoria. Podemos admitir que tales hechos quedan redimidos de la trivialidad gracias a la dosis de afecto que se encuentra en ellos y gracias al propósito que se persigue. La idea que el amigo o pariente fallecido tenga que estar enteramente ocupado en asuntos elevados, sin recordar ya las pequeñas cosas de la Tierra, no está justificada. No hay por qué el "humor" sea exclusivamente cosa nuestra.

Quizás me preguntes si recomiendo a todas las personas afligidas que se dediquen a recopilar comunicaciones, como lo hice yo y explico en este libro. Claro que no. Soy un estudiante de la materia y los estudiantes de una materia tienen que realizar un trabajo muy especial. Lo que recomiendo a todos es la comprensión que sus seres queridos permanezcan activos, interesados y felices – en un sentido más vivos que nunca –, y también que se preparen para una vida útil en la Tierra hasta el momento en que se reúnan con esos seres queridos.

Los pasos a seguir para alcanzar esta tranquila certeza dependen de cada persona. Algunos lo logran con los consuelos de la religión; otros, con ideas recibidas de personas en las que confían; otros, a través de convicciones extraídas de experiencias personales. Y si esta experiencia se puede obtener de forma privada, en tranquila meditación o ensoñando, sin la ayuda de extraños, mucho mejor.

Lo que se debe hacer no es cerrar el espíritu a la posibilidad de una existencia continua; no es buscar egoístamente disminuir el dolor evitando toda mención o repulsión de todo lo que pueda recordarnos a los que murieron; ni tampoco es entregarse a una aflicción sin fin. Estamos en una temporada activa; y será ingratitud hacia quienes murieron por la patria dejarnos arrastrar por el desánimo y vivir en lamentación en lugar de llevar una vida lo más útil posible a la patria y a la Humanidad. Todos los pasos que conducen a este resultado saludable están claramente justificados; pero aconsejar qué hacer en cada caso individual no es mi responsabilidad.

He estado sugiriendo que los nuevos conocimientos, cuando se incorporen a los sistemas existentes, tendrán una influencia en la región hasta ahora explorada por otras facultades y considerada el dominio de la fe. Las conclusiones a las que me llevaron no contradicen las obtenidas por teologías más avanzadas; aunque debo confesar que el investigador de la psique no puede simpatizar con puntos de vista eclesiásticos que se basan en ideas obsoletas. Si el investigador psíquico evita atacar estos puntos de vista, es solo porque está seguro que a su debido tiempo morirán de muerte natural. Hay demasiada paja mezclada con el trigo como para que nadie que no sea aquellos especializados en eclesiásticos intente sacarla.

Mientras tanto, y aunque algunos de los exploradores oficiales de la doctrina cristiana condenan cualquier intento de investigar el tema por métodos seculares; y mientras otros evitan criticar los resultados así obtenidos; Hay quienes las adaptan a sus enseñanzas, indiferentes al riesgo de ofender a los hermanos más débiles.[3]

---

[3] Ejemplo: un libro llamado *El evangelio del Más Allá*, de Paterson Smyth, de Montreal, puede ser anunciado a todo aquel que, aunque atado a dogmas ortodoxos e incapaz de nuevos estudios, no desdeñe de interpretar la fraseología oriental y medieval a la luz del espíritu moderno.

Capítulo V Explicación elemental

Para aquellos que ya están familiarizados con los asuntos psíquicos, o que han leído trabajos sobre el tema, no es necesario explicar qué es una "sesión." Los principiantes se beneficiarán leyendo libros como los de Sir W. Barrett o J. Arthur Hill o Miss H. A. Dallas, disponibles para todos, o mi obra, *The Survival of Man*.

Existen muchos grados de mediumnidad, siendo uno de los más simples aquel que en estado normal, bajo ciertas condiciones, permite recibir impresiones o producir escritura automática; pero es un tema demasiado amplio para discutirlo aquí. Me limitaré a decir que el tipo de mediumnidad que he utilizado para este libro es aquel en el que el médium, después de esperar tranquilamente, entra más o menos en trance, y luego habla o escribe bajo la dirección de una inteligencia técnicamente conocida como el "control" o el "guía." La transición en muchos casos se produce de forma tranquila y natural. Inmerso en este estado, el médium adquiere un cierto grado de clarividencia o lucidez por encima de su conciencia normal, lo que le permite hacer referencias a hechos enteramente ajenos a su conocimiento. El "guía", o tercera personalidad que habla durante el trance, parece estar más íntimamente en contacto con lo que comúnmente se llama "el otro mundo", y por lo tanto se vuelve capaz de transmitir mensajes de personas muertas, transmitiéndolos a través del médium quien habla o escribe, generalmente con cierta oscuridad y torpeza, y con gestos propios tanto del médium como del guía. La cantidad de falsificación varía según la calidad y condición del medio en diferentes ocasiones; se puede atribuir fisiológicamente al médium e intelectualmente al guía.

La confusión no es mayor de la que podríamos esperar de dos operadores de telégrafo unidos por un delicado instrumento de calidad incierta y transmitiendo información de un extraño a otro.

Uno de los desconocidos intenta captar los mensajes transmitidos, aunque no es muy hábil para expresarlos con palabras, mientras que el otro permanece en silencio y sin prestar ayuda alguna. La persona que recibe el mensaje suele sospechar más o menos que se trata de una ilusión y que su amigo o familiar – el comunicador –, no está realmente allí. En tales circunstancias, el esfuerzo del comunicador se dirige principalmente a recordar pequeñas cosas que disipan el escepticismo natural del receptor, haciéndole admitir que su amigo está presente, aunque fuera del alcance sensorial de los vivos.

Sabemos que las comunicaciones se ven obstaculizadas por la influencia inconsciente pero inevitable del mecanismo transmisor, ya sea de naturaleza mecánica o fisiológica. Cada artista reconoce que tiene que adaptar la expresión de sus pensamientos al material que dispone, y que lo que es posible con un "médium" – en el sentido artístico de la palabra –, no lo es con otros.

Y cuando el método de comunicación es puramente mental o telepático, tenemos que admitir que el comunicador del "otro lado" tiene que elegir sus ideas y utilizar canales propios del médium; aunque con práctica y mucho ingenio, estos ingredientes pueden entrelazarse de una manera que refleje las intenciones mentales del comunicador.

Comprender el comportamiento de una pequeña mesa en contacto con los músculos humanos es una cuestión mucho más sencilla. Es elemental, pero en principio no parece diferir de la escritura automática; sin embargo, al ser un código de movimiento muy simple, al novato le parece más fácil. De hecho, es tan simple que se convirtió en una especie de broma y cayó en descrédito. Pero no podemos dejar de reconocer sus posibilidades; y al ser un método más directo, que no requiere la intervención de una tercera persona, es el sistema preferido por algunos comunicadores.

Lo admitamos o no, debo testificar que cuando un objeto en movimiento se controla de esta manera directa se vuelve capaz de revelar muchas emociones, y de la manera más feliz. Una tecla de telégrafo difícilmente lograría esto: su rango de movimiento es muy limitado; actúa de forma discontinua, conectando y cortando; pero la mesa de luz no parece inerte, sino que se comporta como un ser animado. Durante la interpretación se vuelve animado - algo así como el violín o el piano en manos del "virtuoso" -, y la acción dramática lograda de esta manera es notable. La mesita puede demostrar vacilación o certeza; puedes pedir información o darla; aparentemente puedo reflexionar antes de encontrar la respuesta; puede saludar a un recién llegado; puedes llevar el tiempo, como si estuviera en un coro; y, lo más notable de todo, puede, de manera más inequívoca, revelar afecto.

La mano de un médium de escritura automática también hará esto; y que todo el cuerpo de una persona normal revela estas emociones, no hace falta decirlo. En ambos casos todo no es más que materia, esta última más permanentemente animada que aquél. Pero todos estos tipos de materia se animan temporalmente - ninguno de forma permanente -, y no parece haber líneas de demarcación claras. Lo que tenemos que entender es que la materia, en cualquier forma, llega a ser capaz de actuar como agente del alma, y que con la ayuda de la materia diversas emociones, así como la inteligencia, pueden encarnarse y revelarse temporalmente.

La producción de música elemental a partir de cualquier objeto - trastes de cocina, por ejemplo -, es algo frecuente en el escenario. El uso de objetos dispares en las comunicaciones, aunque no es lo esperado, puede incluirse en esta misma categoría.

Sabemos que con objetos elaborados para tal fin, desde el violín hasta los muñecos de un espectáculo de marionetas, se pueden exhibir o estimular las pasiones humanas. La misma posibilidad existe con los objetos fabricados para otros fines.

El juego de mesa es un viejo pasatiempo conocido por innumerables familias y, con razón, ya dejado de lado; pero con las precauciones necesarias se convierte en un medio de comunicación aceptable; y la suma de poder mediúmnico necesaria para esta forma elemental de actividad psíquica parece ser mucho menor que la requerida en métodos superiores.

Una cosa debemos admitir necesariamente: que en todos los casos en que un objeto se mueve por contacto directo con el cuerpo del operador, se realizan movimientos musculares inconscientes; y deberá descontarse todo lo que provenga de una causa conocida o sospechada por el operador. A veces; sin embargo, el mensaje se revela de forma inesperada y enigmática, proporcionando información desconocida para el operador. El valor sobrenatural de estas comunicaciones debe apreciarse por su contenido.

No abordaré en este libro los casos aun más enigmáticos de fenómenos físicos, como la "voz directa", la "escritura directa" y la "materialización." En estos sucesos extraños y, desde cierto punto de vista, más avanzados, la materia inerte parece actuar sin intervención alguna del mecanismo fisiológico. Sin embargo, este mecanismo tiene que permanecer cerca. Me inclino a pensar que tales fenómenos, cuando estén bien establecidos, se diluirán dentro de los que ahora nos conciernen y que no surgirá ninguna teoría completa de ninguno de ellos antes que ambos sean mucho mejor conocidos. Esta es una de las consideraciones que me hacen evitar el dogmatismo sobre la cuestión de si todos los movimientos provienen de los músculos. Me limito a presumir contra cualquier decisión prematura. Este tema de interacción psicofísica requiere mucho estudio, en tiempo y lugar; pero es un campo traicionero, con numerosos mundos y poco atractivo para muchas personas. Esperemos que la artillería de largo alcance haya destruido las defensas y solo así podamos iniciar el avance.

Capítulo VI El mensaje del "Fauno"

Hechos preliminares

Raymond se unió al ejército en septiembre de 1914, se entrenó en Liverpool y Edimburgo y en marzo del año siguiente fue enviado a las trincheras. A mediados de julio estuvo unos días en casa, de permiso. El día 20 volvió al frente.

El mensaje inicial de "Piper"

La primera sugerencia que tuve que podía pasar algo malo fue un mensaje de Myers, recogido en Estados Unidos por la señora Piper y aparentemente comunicado por "Richard Hodgson", en una ocasión en que una tal señorita Robbins estaba en una sesión en la casa de la señora Piper. Piper, en Greenfield, New Hampshire, el 8 de agosto de 1915. Me informó de todo la señorita Piper, quien me envió la documentación original. A continuación doy cuenta de lo que, en cierto momento de la sesión de la señorita Robbins, después de discutir un asunto que solo le concernía a ella y nada a mí, comenzó abruptamente de esta manera:

Richard Hodgson – Ahora, Lodge, aunque ya no estamos allí como antes; es decir, completamente, somos; sin embargo, lo suficientemente capaces de recibir y enviar mensajes. Myers dice que V. se pone del lado del poeta; y él, el del Fauno.

Señorita Robbins: ¿Fauno?

Richard Hodgson – Sí. Myers. Protege. Él entendió – evidentemente refiriéndose a Lodge. ¿Qué tienes que decir, Lodge? Buen trabajo. Pregúntele a la Sra. Verral, ella también lo entenderá. Esto es lo que piensa Arthur – refiriéndose al Dr. Arthur Verral, fallecido.

Carta de la señora Verral

Para interpretar este mensaje le escribí a la señora Verral, como me sugirieron, preguntándole si la expresión El poeta y el fauno tenía algún significado para ella, y si uno "protegía" al otro. Su respuesta llegó poco después, el 8 de septiembre:

"La cita se refiere a lo que dice Horace sobre la caída de un árbol que por poco estuvo a punto de matarlo; la protección recibida la atribuye a Fauno. Ver Hor. Odas, II, XVII, 27; III, IV, 27; III, VIII, 8. La alusión al Fauno está en la Oda II, XVII, 27-39:

Me truncus illapsus cerebro

Sustulerat, nisi Faunus ictum

Dextra levasset, Mercurualium

Custus virorum.

(Fauno, el guardián de los poetas; "poeta" es la interpretación habitual de "hombres de Mercurio").

Las palabras citadas son estrictamente aplicables al pasaje de Horacio, como inmediatamente me di cuenta.

M. de G. Verral

Deduzco, por tanto, que de esta interpretación del mensaje de Myers, dirigido a mí y evidentemente correcto, el significado era que algún golpe vendría, o tenía posibilidades de venir, aunque no podía saber cuál; y que Myers intervendría, aparentemente para protegerme. El mensaje me llegó el 6 de septiembre, en Escocia. Raymond falleció en Ypres el día 14 y recibí la noticia el día 17.

El "árbol que cae" es un símbolo de muerte usado frecuentemente, quizás debido a una interpretación errónea de Eclesiastés, XI 3. Los otros eruditos a quienes les hice la misma pregunta fueron unánimes al referirse a la cita de Horacio.

Respuesta del Sr. Bayfield

Poco después de la muerte de Raymond le presenté los hechos al Rev. M. A. Bayfield, ex director del Eastbourne College, como un incidente de interés para el S. P. R. y declarando al mismo tiempo que Myers no había podido desviar el golpe. Aquí está la respuesta recibida:

"En ninguna parte de sus poemas Horacio dice claramente que el árbol lo atrapó, pero mi deducción es que así fue. Dice que Fauno "alivió", no que "desvió" el golpe. En su caso, el significado me parece que vendría el golpe, pero no el aplastamiento; lo cual sería "mitigado" por la seguridad dada por Myers que su hijo aun vive. Muchas criaturas, cuando son golpeadas de esta manera, se vuelven, como Merlín, como muerto, y perdido para la vida y el uso y el nombre y la familia.

Me parece que esto tiene una aplicación muy clara a la palabra en la que insiste Myers y a toda la referencia a Horacio."

Y en la P.D. añade:

"Los versos dan a entender que fue herido del golpe, y en la cabeza. De hecho, el peligro era grande; y me hacen creer que Horacio no habría quedado tan impresionado si no hubiera sido alcanzado por el árbol. Hay cuatro referencias al caso en sus Odas, todas fortaleciendo mi interpretación – y también el del mensaje de Myers, que debía conocer muy bien los términos de la cita de los versos de Horacio –, y no tendría ninguna duda que el poeta no había escapado del golpe, que fue rudo."

Nota del autor

Aunque algunos traductores de Horacio se apegan a la idea de desviar el golpe, debo destacar que la mayoría de los estudiosos consultados dieron "aliviado" o "mitigado" como buena traducción. El prof. Strong dice: "No hay duda que *levadaset* significa debilitado; la rama del árbol cayó y alcanzó al poeta, pero ligeramente, gracias a la intervención de Fauno – variante latina de Pan. Levo comúnmente tiene este significado, en el clásico."

La traducción en prosa de Bryce es clara: "una rama que cayera sobre mi cabeza habría sido mi fin, si el buen Fauno no hubiera suavizado el golpe." Y aunque la traducción de Conington dice "el golpe se frenó a mitad de camino", su idea es la misma, porque se frenó la muerte del poeta, no el golpe:

A mí me había matado el maldito tronco que me hirió el cráneo; pero Fauno, fuerte para proteger a los amigos de Mercurio, detuvo el golpe en medio del descenso.

Información adicional

El señor Bayfield también me recuerda otra referencia que recibí, proveniente de una manifestación mediante escritura automática, en casa de la señora Piper, y fechada el 5 de agosto, que llegó a mis manos junto con el mensaje del Fauno.

"Sí. Por el momento, Lodge, ten fe y sabiduría – confía –, en todo lo que es más grande y mejor. ¿No has sido tan profundamente guiado y cuidado? ¿Puedes responder que no? Gracias a tu fe todo ha estado y estará bien."

Recuerdo que me sorprendieron un poco las palabras anteriores, que me instaron a admitir que todos nosotros – presumiblemente mi familia –, "habíamos sido profundamente guiados y cuidados", porque esta advertencia parecía decir que algo era inminente. Pero era una alusión demasiado vaga para preocuparme, y se habría evaporado de mi mente si no hubiera sido por la advertencia del "Fauno" dada tres días después, aunque la recibí junto con el mensaje – que acepté como una profecía, realizable o no. Y Raymond fue abatido apenas una semana después que llegara el mensaje.

Capítulo VII Continuación del mensaje del "Fauno"

Ahora queda por ver cómo Myers cumplió su promesa y qué medidas tomó para mitigar el golpe, que fue terrible. Para ello tengo que recurrir al informe de sesiones celebradas aquí en Inglaterra con médiums y asistentes desconocidos que no revelaron sus identidades.

Pueden objetar que mi persona es conocida o sospechosa, pero la objeción no encaja con los miembros de mi familia que asistieron anónimamente a las sesiones organizadas en Londres por la señora Kennedy, la esposa del Dr. Kennedy, quien, aunque no tenía ningún parentesco, por mera simpatía, impulsó estos pasos.

Debo decir que es prácticamente imposible para los médiums investigar y conocer normalmente la historia familiar de sus numerosos clientes, y quienes tratan con ellos saben que nunca intentan hacerlo. Pero cuando se trata de una sesión no es fácil, salvo en casos especiales, evitar dar nombres y direcciones, lo que aparentemente conduce a trampas y fraudes.

En nuestro caso, y en el de nuestros amigos más cercanos, se tomaron todas las precauciones para garantizar el más perfecto anonimato.

Extracto de algunas sesiones anónimas

Fue el 17 de septiembre cuando nos enteramos de la muerte de Raymond; el 25 de ese mes, su madre, Lady Lodge, que estaba en sesión con la señora Leonard, en ese momento aun desconocida para nosotros, recibió la siguiente comunicación a través de la mesita, aparentemente proveniente de Raymond:

– "Dile a papá que aquí conocí a algunos de sus amigos."

Sra. Lodge – ¿Puede darnos un nombre?

El comunicador – Sí. Myers.

(Eso es todo lo que pasó en esa sesión).

El 27 de septiembre fui a Londres y tuve, entre el mediodía y la una, mi primera sesión con la señora Leonard. Entré solo a su apartamento, como un extraño al que habían concertado una cita anónima. Antes de comenzar, le informaron a la Sra. Leonard que su "guía" era una joven llamada "Feda." Poco después que la médium cayera en trance, un joven fue descrito en términos que claramente se parecían a Raymond, y "Feda" transmitió mensajes. El "Paul" al que se refieren en ellos es el hijo muerto del matrimonio Kennedy, a quien sus padres le pidieron que ayudara a Raymond si podía. Paul ya se había comunicado con su madre a través de Feda en varias ocasiones. Del informe de esta sesión cito lo siguiente:

Feda – Aquí hay alguien que todavía está en dificultades; no completamente rehecho; apariencia juvenil; con forma de lineamiento; aun no ha aprendido a equilibrarse. Es un joven de estatura ligeramente superior a la media; bien construido, nada grueso ni pesado; fornido. Se mantiene bien. No lleva mucho aquí. Cabello entre colores. No me resulta fácil describirlo, porque aun no está construido sólidamente como otros. Él tiene ojos marrones; pelo castaño y corto; cabeza bien formada; cejas también marrones, poco arqueadas; nariz bien formada, recta, un poco más ancha en las fosas nasales; boca grande y bien diseñada, pero no parece grande porque sus labios están apretados; miento, no muy fuerte; cara ovalada. Aun no está completamente construido, pero es como si Feda lo supiera. Debería estar aquí esperándote. En ese momento mira a Feda y sonríe; él suelta una gran carcajada, como si estuviera bromeando, y Paul también se ríe. Dice Paul que ha estado aquí antes, que él, Paul, lo trajo. Pero Feda ve cientos de personas que me dicen que éste llegó hace muy poco. Sí, lo he visto antes. Feda le adjunta una carta. La letra R.

Ella vino a verte antes y dice que pensó que sabías que él estaba aquí. Feda lo capta por impresión; no siempre es lo que él dice, sino lo que ella siente; pero Feda dice que "él lo sabe", porque ella lo heredó de él.

Le resulta difícil – dice –, pero ha encontrado muchos amigos que le ayudan. Cuando despertó no pensó que sería feliz, pero ahora se siente feliz y dice que será aun más feliz. Sabes que en cuanto esté listo tendrá mucho trabajo por hacer.

"Quería saber – dice –, si podré ejecutarlo.

Me dicen que lo estaré."

"Tengo instructores y profesores conmigo."

Ahora busca construir la letra de alguien.

Me mostró una M.

Parece conocer el trabajo a realizar. El primero será cooperar en el frente; no ayudar a los heridos, sino ayudar a los afectados por la guerra. Sabe que cuando pasan y se despiertan, todavía sienten cierto miedo y… otra palabra que a Feda se le pasó por alto. Feda considera cualquier cosa como "miedo." Muchos siguen luchando, o al menos quieren continuar; no creen que hayan pasado. De modo que se requieren varios donde él está ahora, para explicar la situación al "pasado" y apoyarlos. No saben dónde están ni para qué están aquí.

"Creen que digo que soy feliz solo para hacerlos felices, pero ese no es el caso."[4]

He conocido a cientos de amigos. No los conozco a todos. He conocido a muchos que me dicen esto y luego me explican por qué me están ayudando. Ahora tengo dos padres, pero no es que haya perdido a uno y haya ganado otro. Los tengo a ambos. Mi padre mayor y otro, un padre temporal. – Más tarde "Myers" declaró que lo había "adoptado."

---

[4] Esto recuerda la frase de una de sus cartas desde el Frente: "Estoy alegre y muy feliz como siempre. No creas que me he sentido mal; Yo no tengo." Con fecha del 11 de mayo.

Un peso que le quitaron de la cabeza hace uno o dos días; se siente más vivo, más ligero y más feliz últimamente. Al principio hubo confusión. Estaba desorientado, no sabía dónde estaba. "Pero no pasó mucho tiempo y creo que tuve suerte; no les llevó mucho tiempo explicarme dónde estaba."

Feda se siente como un rayo alrededor de su cabeza; siente una sensación fuerte en la cabeza y también una especie de sensación de vacío, como si algo hubiera salido. Una sensación de vacío allí; También una sensación de calor en la cabeza. Pero él no sabe que está dando esa impresión. No lo hace a propósito; han estado intentando hacerle olvidar, pero Feda se da cuenta. También hay un ruido en él, un ruido terrible que corre.

Ahora ha perdido todo esto, pero no sabe que Feda lo siente. "Estoy genial – dice –, ¡me siento genial! Pero al principio sufrí porque quería dejar claro a los que dejaba atrás que todo iba bien y que no debían sufrir por mi culpa."

Acaba de irse, pero Feda ve algo simbólico; ve una cruz caer sobre ti; muy oscura, cayendo sobre ti; oscura y fea; y al caer se retuerce y aparece toda luz, la luz brilla sobre ti. Es un poco azul pálido, pero se vuelve completamente blanco cuando te toca. Sí, eso es lo que ve Feda. La cruz parecía oscura, pero de repente se retorció y se convirtió en una hermosa luz. La cruz es un medio para ocultar la luz real. Te ayudará mucho... Tu hijo es la cruz de la luz, y él será una luz que te ayudará; te ayudará a demostrar la verdad al mundo. Por eso construyen la cruz oscura que se vuelve luz. Ya lo sabes, pero otros también quieren saber. Feda está desapareciendo. Adiós.

Así terminó la primera sesión de la Sra. Leonard el 27 de septiembre.

Ese mismo día Lady Lodge tuvo su primera sesión anónima con el señor Vout Peters, en casa de la señora Kennedy, a las 3:30.

Una vez más, Raymond fue descrito con mucha precisión y se transmitieron varios mensajes identificativos. Moonstone, el "guía" de Peters, preguntó: "¿No se ocupaba de la química?" En realidad, mi laboratorio es principalmente químico. Aquí está el informe de la sesión, con notas entre paréntesis:

¿No se ocupó de la química? Si no, se encargaría un asociado, porque yo veo todo en un laboratorio de química. Esto de la química me aleja de él para acercarme a un hombre vivo en carne y hueso (probablemente yo); veo vinculado a él a un hombre, un escritor en verso, íntimamente interesado por el Espiritismo. Fue de gran valor y también salió de Inglaterra (aquí aparece claramente Myers, que murió en Roma). Este hombre que escribe poesía ya se ha comunicado varias veces. Veo la letra M y él está ayudando a su hijo comunicándose (la señora Leonard también mencionó la presencia y ayuda de Myers).

Se construye bajo condiciones químicas. Si su hijo no conocía a este hombre, lo conocía (sí, Raymond, difícilmente lo habría conocido porque solo tenía 12 años cuando murió Myers).

Detrás del hombre que tiene la M y escribía poesía hay todo un grupo de personas (el grupo S. P. R., por cierto). Todos muy interesados. No me sorprenderá que recibas mensajes de estas personas, incluso si no las conoces.

(Aquí Moonstone se detuvo y dijo:) Es tan importante lo que voy a decir ahora que quiero ir despacio, para que todas las palabras queden claramente escritas: *no sólo la separación es tan ligera que se puede escuchar a los operadores en el del otro lado, como un gran avance se abrió.*

El mensaje es para el hombre del laboratorio de química. (Considerando el hecho que mi esposa era completamente desconocida para el médium, tenemos aquí un mensaje identificativo de notable valor probatorio. Me refiero a mi libro *La supervivencia del hombre*, donde hay este pasaje: "La frontera entre los dos estados, el conocido y el desconocido, es un muro grueso, pero se adelgaza en ciertos puntos; y, como excavadores de túneles en ambos extremos, comenzamos a escuchar, aquí y allá, los golpes de los picos de nuestros compañeros del otro lado").

La siguiente referencia a Myers se produjo el 29 de octubre, cuando, inesperadamente, tuve una sesión con Peters en una sala de Londres, una sesión organizada anónimamente por el Sr. J. A. Hill.

Peters cayó en trance y luego de algunas comunicaciones recibió un mensaje de un joven, a través del guía identificado como Raymond; esta guía, Moonstone, lo dijo así:

M. – La sensata actitud de su familia ha sido el medio para ayudarle a regresar, como lo ha hecho. Si no supiera lo que le dijiste, le resultaría difícil regresar. Es muy firme en lo que dice. ¿Conoces F.W.M.?

Logde – Sí, lo conozco.

M. – Veo estas tres letras. Después de ellos veo S. T. y un punto; y luego, P. Me mostraron estas cartas. Los veo a la luz.

Tu chico me muestra estas cosas.

Lodge – Sí, lo entiendo (es decir, entiendo la alusión al poema Mr. Paul, de F. W. H. Myers).

M. – Me dice: F. W. M. me ayudó mucho, más de lo que crees.

Lodge – ¡Bendito sea!

M. – No, tu chico se ríe y tenía una razón: no creas que fue caridad; tenía otra razón y piensa que fortaleciendo su personalidad ahora puedes lograr lo que deseas: atacar los errores de los tontos y hacer de la Sociedad una Sociedad – dice –, hacerla de valor para el mundo... ¿Entiendes?

Lodge – Sí.

M. – Ahora dice "Tú me ayudaste porque conmigo y a través de ti pude romper la barrera que erigieron estas personas. Más tarde hablarás con ellos. Ya está en el programa y gracias a mí derrotarás a la oposición." Luego dice: "¡Por el amor de Dios, padre mío, hazlo! Porque si supieras y pudieras ver lo que yo veo: cientos de hombres y mujeres con el corazón roto. Y si pudieras ver a los chicos de este lado, te entregarías a esta obra con todas tus fuerzas. Puedes hacerlo."

Él es muy serio. Oh, él quiere... ¡No! Tengo que interrumpirlo, no quiero que controle al médium. No pienses mal de mí, pero tengo que proteger al médium; no podría hacer el trabajo que tiene que hacer; el médium no lo apoyaría, debo protegerlo; la emoción sería demasiado grande, demasiado grande para los dos, así que tengo que evitar que él controle al médium.

Él entiende pero quiere que le diga que la sensación de "pasar" fue de intensa decepción; No tenía idea de la muerte. (pausa).

Este es un momento en el que hombres y mujeres tienen sus costras rotas; se ha roto la costra de las convenciones, de... de la indiferencia, y todos piensan, aunque algunos de forma egoísta.

Ahora bien, volviendo a él, ¡qué paciente es! No siempre fue tan paciente. Después de la aflicción tuvo un rayo de esperanza, porque comprendió que iba a volver a ti; y porque su madre vino a él. Y vinieron otros.

Myers – "Myers", así parece; ¿sabes quién es? – se acercó a él y luego vio que podía regresar. Él sabe.

Ahora quiere que le diga esto:

– Que de su muerte, que es una entre miles, que el trabajo que quiere hacer... (Trato de traducir su idea en palabras, no las consigo textualmente (sic) ¡No, no es eso! Lo que dice es que el trabajo al que se apuntó se llevará adelante por el simple hecho de su muerte. Ahora entiendo la idea: quiere decir que con su muerte miles se beneficiarán. Eso es todo.

***

Una observación más sobre el mensaje del Fauno. Espero que el lector entienda que los extractos de la sesión se han reproducido arriba para mostrar que Myers cumplió la promesa del mensaje y suavizó el golpe con la ayuda que le dio a mi hijo en el "otro lado", ayudándolo y facilitándole la comunicación con la familia. Daré ahora otros extractos de carácter más evidente, tendientes a establecer la supervivencia de la personalidad y la memoria de mi hijo. Hubo varios episodios probatorios, pero elegiré uno relativo a una determinada fotografía, de la que no teníamos conocimiento antes de lo que supimos mediante la intervención de dos médiums.

Capítulo VIII El grupo fotográfico.

Me ocuparé ahora de un testimonio muy valioso, que surgió de las sesiones que mantuvimos periódicamente en el otoño de 1915: la mención de un grupo fotográfico tomado en el frente, cuya existencia desconocíamos por completo, pero que posteriormente fue verificado de la manera más perfecta. Les daré todas las circunstancias en detalle.

Raymond falleció el 14 de septiembre. La primera referencia a una fotografía en la que aparece con otros compañeros fue en casa de la señora Kennedy, el 27 de ese mes, en una sesión que Lady Lodge obtuvo de Peters.

"Tienes varios retratos de este joven. Antes de irse dejó un buen retrato, dos – no, tres. Dos en las que está solo y una en la que está en un grupo de hombres. Es curioso que tenga que contarles sobre esto. En uno de estos retratos se puede ver su bastón." – Peters coloca un bastón imaginario bajo el brazo de Raymond.

Teníamos algunas fotografías de Raymond de uniforme, pero siempre solo; en un grupo ninguna; y Lady Lodge se mostró escéptica al respecto, pensando que se trataba simplemente de una suposición por parte de la médium. Pero la señora Kennedy, que tomó las notas, tomó nota de este pasaje y envió una copia, con el resto, al señor J. Arthur Hill, quien me ha estado ayudando en mi correspondencia y clasificando el material.

Por mi parte; sin embargo, me impresionó la observación que "es curioso que tenga que decirte esto" y traté de investigar, aunque sin grandes esperanzas de un buen resultado. Durante dos meses no se habló más del asunto. El 20 de noviembre; sin embargo, nos llegó una carta de una mujer desconocida, la señora Cheves, madre del Capitán Cheves, que nos había escrito sobre la herida de Raymond y todavía estaba en el Frente.

28 de noviembre de 1915.

"Querida Señora Lodge:

Mi hijo, que es M. O. del 2.º South Lancs., nos envió una fotografía grupal de oficiales, tomada en agosto, y me preguntaba si tenía esa fotografía. Si no te envío un ejemplar, ya que tengo media docena y también la placa. Espero que me perdones por molestarte, pero muchas veces he pensado en ti y también siento el gran dolor que te he causado.

P. B. Cheves."

Lady Lodge respondió agradeciéndole y pidiendo que le enviaran la copia, que lamentablemente no llegó a tiempo.

Antes que llegara tuve una sesión con la señora Leonard, en su casa, el 3 de diciembre, y en esa ocasión, entre otras preguntas, inquirí por la fotografía, esperando obtener más información antes de recibirla. Debo señalar que el caso no fue sugerido por la Sra. Leonard ni su guía. La primera mención del grupo fotográfico la hizo Peters. He aquí el resultado, en el que Feda se manifiesta y muchas veces habla de sí misma en tercera persona:

Feda – Pregúntale algo más:

Lodge – Raymond se refirió a una fotografía tomada con otros hombres. Aun no hemos visto a ese grupo. ¿No quiere decir nada más sobre el tema? Habló de una fotografía.

Feda – Sí, pero cree que no fue aquí. Mira a Feda y dice que no fue Feda a quien se refirió a ese retrato.

Lodge – No, no; él está en lo correcto. ¿Puedes decir dónde y a quién?

Feda – Dice que fue por la mesita.

Lodge – No, no lo fue.

Feda – No conoce a la persona con la que habló. Las condiciones allí eran extrañas: una casa extraña.

– Correcto. Fue dicho a través de Peters, en la casa de la Sra. Kennedy, en la sesión del 27 de septiembre.

Lodge – ¿Recuerdas la foto?

Feda – Cree que otros se tomaron fotos con él, no una o dos, sino varias.

Lodge – ¿Amigos?

Feda – Dice que algunos sí, pero no los conoce a todos muy bien. Solo conoce unos pocos; otros los conoce de oído; no todos eran amigos.

Lodge – ¿Recuerdas cómo apareciste en ese grupo?

Feda – No, no lo recuerda.

Lodge – Eso no es lo que pregunto; Quiero saber si estaba sentado o de pie.

Feda – No cree que estuviera de pie. Algunos estaban parados. Estaba sentado y otros estaban detrás de él. Algunos sentados y otros de pie, supone.

Lodge – ¿Eran soldados?

Feda – Dice que sí – una mezcla. Uno, llamado C, estaba con él; y alguien llamado R. – no su nombre, sino otro R. K, K, K, – dice algo sobre K. Y también menciona un nombre que comienza con B – la pronunciación se vuelve confuso, dando la idea de Berry o Burney; luego se aclara. Toma nota de B.

Lodge – Pregunto por la fotografía porque todavía no la he visto. Alguien nos lo enviará. Solo sé que este grupo existe y eso es todo. –Cuando notamos esto aun no había llegado la fotografía.

Feda – Tiene la impresión de tener una docena de compañeros. Una docena, si no más. Feda supone que debe ser una fotografía grande. No, él no lo cree así. Dice que estaban agrupados muy juntos.

Lodge – ¿Raymond estaba usando un bastón?

Feda – No lo recuerda. Recuerda a alguien inclinado sobre su hombro, pero no está seguro de si fue fotografiado así. En esta fotografía debe destacarse el último del grupo, que era B. El grupo no fue tomado en un estudio.

Lodge – ¿Al aire libre, entonces?

Feda – Sí, prácticamente.

– Y en voz baja: ¿Qué quieres decir con "sí, prácticamente"? Debe ser en el exterior o en el interior de la vivienda. Dijiste "sí", ¿no? Feda cree que dice "sí", porque también dice "prácticamente."

Lodge – Pudo haber estado en un almacén.

Feda – Sí, puede. Intenta mostrárselo a Feda.

Detrás de la fotografía veo líneas que bajan. Parece un fondo oscuro, con rayas. – En este momento la mano de la señora Leonard dibuja líneas en el aire.

Por alguna razón, hubo un retraso considerable en la llegada de la fotografía. Recién la tuvimos la tarde del 7 de diciembre. El día anterior, Lady Lodge había estado leyendo el diario de Raymond, enviado desde el frente con su equipaje, y encontró esta nota:

24 de agosto: tomamos una fotografía.

Raymond solo había tenido una excedencia desde su partida al frente, del 16 al 20 de julio. En ese momento aun no se había tomado la fotografía y no nos dijeron nada al respecto. Fue tomada veintiún días antes de su muerte, y tuvo que pasar algún tiempo antes que fuera copiada y él la viera, si es que la vio. En sus cartas nunca la menciona. Por lo tanto, ignorábamos completamente el tema.

El 7 de diciembre llegó otro aviso de la señora Cheves, en respuesta a nuestra consulta sobre el retraso, indicando que se enviaría la copia. En vista de esto dicté una carta al Sr. Hill, dándole mis impresiones de lo que podría ser la fotografía a la luz de la comunicación recibida a través de la Sra. Leonard. En esa carta dije lo siguiente:

– Respecto a la fotografía que menciona Raymond a través de Peters – dice: "Una donde está en un grupo de hombres. Es curioso que tenga que contarte esto. En uno de esos retratos se ve su bastón" –, hay más, obtenido a través de la Sra. Leonard. Punto dudoso respecto al bastón. Lo que dice es que hay muchos hombres en el grupo; que los de delante están sentados y que detrás hay una fila; también dice que hay una docena o más en el grupo y que algunos no le eran conocidos; y que también hay una C; que está sentado y que hay otros detrás de él, uno de los cuales está apoyado en su hombro o tratando de sostenerse.

La fotografía aun no ha llegado, pero debería llegar; por eso envío estas notas antes que llegue. Se está mecanografiando el informe de lo dicho en la sesión; pero lo que escribo aquí representa mi resumen de lo que pasó.

La fotografía llegó a Mariemont la tarde del 7 de diciembre. Tarde lluviosa. El paquete fue recibido por la hermana de Raymond, Rosalynde, quien abrió la envoltura húmeda. Medía 12 por 6 pulgadas, ampliada de un original de 5 por 7. El número de personas fotografiadas fue 21. Cinco en primera fila, sentados en el césped, y luego Raymond, segundo por la derecha. Siete en la segunda fila, sentados en sillas. Nueve en la última, de pie, de espaldas a una construcción temporal de madera, como un refugio hospitalario o algo así.

Examinando la fotografía veo que se confirman todas las particularidades que mencionaba mi hijo. El bastón está allí – que Peters se puso bajo el brazo, lo cual no es seguro –; y están las líneas o rayas del fondo, que Feda indicó no solo a través de los gestos de la médium, sino también a través de las palabras "líneas que descienden" – "un fondo oscuro con rayas." De hecho, hay seis líneas casi verticales y muy claras en el techo del cobertizo, y las líneas horizontales en la parte inferior también son muy notorias.

Por "una mezcla" entendemos que se trata de miembros de diferentes compañías, no solo de la compañía de Raymond. Esto debe ser cierto, porque son muchos los fotografiados, por lo que todos pertenecen a la misma compañía. Es probable que pertenezcan al mismo Regimiento, excepto uno, cuya gorra parece revelar una insignia escocesa, en lugar de las tres plumas.

En cuanto a lo que "sobresale", consulté a varias personas sobre cuál me parecía más destacado, y casi todos señalaron la esbelta figura de la izquierda. Es una B, como dijo Feda – o Capitán S. T. Boast.

Algunos de estos oficiales debían ser meros conocidos de Raymond; otros, tus amigos. Oficiales cuyos nombres comienzan con B, C y R, pero ninguno con nombres que comiencen con K. Pero el sonido de la letra K se parece al sonido de la C dura, que pertenece al grupo: Case.

Algunos se fotografiaron sentados y otros de pie detrás.

Raymond estaba sentado delante, con su bastón a los pies.

El fondo de la fotografía es oscuro y claramente marcado con líneas. Grupo tomado al aire libre, al lado de un almacén o cabaña militar, lo cual fue sugerido por la Sra. Leonard cuando habló de "refugio."

Pero lo que más me llama la atención como evidencia es el hecho que alguien estaba detrás de Raymond y apoyado en su hombro. La fotografía lo muestra muy bien y casi indica que Raymond no está contento con ello; su rostro está algo demacrado y su cabeza está alejada del molesto brazo. Es el único caso en la fotografía de uno apoyando a otro, y no considero que este detalle quede en la memoria.

Confirmación de la madre de Raymond.

Hace cuatro días – 6 de diciembre –, estaba leyendo el diario de mi hijo, que había regresado del frente con su equipaje – un poco empapado, con algunas páginas pegadas con su sangre. Me impresionó encontrar esta nota: "24 de agosto: Tomamos una fotografía", y la pasé a mi propio Diario, en estos términos: "6 de diciembre – Leí el Diario de Raymond por primera vez y encontré esta nota: "24 Agosto: Tomamos una fotografía."10 de diciembre de 1915.

María F. A. Lodge.

Creo que es innecesario llamar la atención del lector sobre la importancia de este caso. Raymond habló más tarde sobre otra fotografía en la que dijo que se incluía a su amigo Case. Esta fotografía la obtuvimos de Gale & Polden y, de hecho, Case está en ella junto con Raymond, aunque no estaba incluido en el primer grupo. Las dos fotografías difieren en todos los sentidos, de modo que si la hubiera recibido antes que la otra, la habría considerado como que la descripción de Feda era falsa, suponiendo que se trataba de eso. Y tenemos por tanto que el caso de la fotografía llegó a constituir uno de las mejores pruebas que tenemos hasta ahora.

Capítulo IX La muestra de las primeras sesiones

Aunque el episodio del grupo fotográfico es una alta prueba evidencial, lamentaría tener que basar mis conclusiones solo en una única prueba, por inexpugnable que fuera. La prueba debe ser acumulativa; y aunque se nos permite exaltar la gran fuerza, siempre se necesitan más, muchas, para que se mantenga alejado de la posibilidad de frivolidad.

Por lo tanto, ahora mencionaré lo que sucedió en las sesiones después de la muerte de Raymond por varios miembros de nuestra familia. Debo enfatizar que tales sesiones siempre fueron anónimas, con mucho cuidado para que no aparezca, ni siquiera en lo más mínimo, nuestra identidad.

El primer mensaje nos llegó de una nueva amiga en Londres, la señora Kennedy, que tiene el don de la escritura automática, y después de perder a su amado hijo Paul, él la controla. Generalmente, Paul le da mensajes de cariño, pero a veces también mensajes probatorios. La señora Kennedy se había mostrado escéptica sobre la autenticidad del don que parecía poseer, y fue esta incertidumbre la que la impulsó a escribirme. Quería probar la escritura automática obtenida y estaba ansiosa por no sentirse decepcionada.

Al leer la noticia de la muerte de Raymond en un periódico, la Sra. Kennedy le "contó" a Paul sobre esto y le pidió que lo ayudara.

El día 21, la señora Kennedy estaba escribiendo en el jardín cuando su mano escribió estas palabras de Paul:

– "Aquí estoy... vi a ese muchacho, el hijo de Sir Oliver; se siente mejor y tuvo un espléndido descanso. Díselo a sus padres."

El 22 de septiembre, durante una "conversación" con Paul, la mano de la señora Kennedy también escribió esto:

"Voy a traer a Raymond cuando a Sir Oliver venga a verte. Está muy feliz y todo el mundo lo quiere. Encontró aquí varios compatriotas y se está consolidando maravillosamente. Díselo a su padre y a su madre...

Ahora ya habla claro... No debate como los demás, parece tranquilo. Es lindo ver a un chico así.

Estuvo durmiendo mucho tiempo, pero hoy habló.

Si la gente de allí supiera cuánto anhelamos aparecer, todos nos llamarían".

El día 23, durante la visita de Lady Lodge le hizo, la Sra. Kennedy escribió en estos términos un supuesto mensaje de Raymond:

"Aquí estoy, mamá... También he estado con Alec, quien no puede escucharme. Mi deseo es que sepa que estoy a salvo aquí; no es un agujero triste, como mucha gente supone, más bien un lugar lleno de vida."

Y después:

"Espera hasta que haya aprendido mejor a hablar... Podemos decirlo todo más tarde. Dame tiempo."

De más está decir que no hay nada evidente en esto, aunque es natural.

Sesión de mesa con la Sra. Leonard

Al día siguiente, Lady Lodge y la señora Kennedy, con una dama francesa, la señora Le Breton, una viuda que había perdido a sus dos únicos hijos en la guerra, Guy y Didier, y estaba desconsolada, fueron a la casa de la Sra. Leonard para una sesión de mesa. La señora Kennedy se hizo cargo de las notas.

Las tres damas y la médium se sentaron alrededor de la mesa pequeña, con las manos ligeramente apoyadas, y todo funcionó bien. Se transmitieron mensajes muy razonables en francés. Guy dio su nombre, pero Didier no dio el suyo: salió "Dodi." También Raymond dio el nombre de una de sus hermanas y respondió más cosas muy apropiadamente.

El 28 de septiembre mi esposa y yo tuvimos otra sesión con la señora Leonard, quien para ese momento ya nos había identificado.

Notas de Oliver Lodge sobre esta sesión

Una sesión de mesa no es la más adecuada para una conversación psíquica, pero sí válida para respuestas breves y definidas, como nombres e incidencias. Tiene la ventaja de ser interferido por la actividad mental del médium, por lo que se vuelve más directa. Pero hay dificultades. La oscilación de la mesa no se considera un "fenómeno físico" en el sentido técnico o supranormal de la expresión, aunque no parece estar determinado por los músculos de los presentes. El esfuerzo para mover la mesa es mínimo y evidentemente se debe suponer que proviene de los músculos. Pero mi impresión es que tales movimientos constituyen un comienzo de "fenómeno físico", y si la fuerza proviene de los presentes, no parece provenir de una manera normal. En cuanto a la evidencia, el caso debe limitarse a la dirección inteligente de la energía. Con seguridad solo podemos decir que la energía está inteligentemente dirigida, que la parada de la mesa en la letra correcta produce una cierta sensación de inhibición en las manos que se apoyan sobre ella. La luz puede ser suficiente para ver las manos y la mesa funciona a la luz del día. El método consiste en desplazarse por el alfabeto hasta que la tabla se detiene en una letra determinada. La tabla se mueve tres veces para indicar Sí y una vez para indicar No; pero como un solo movimiento también indica la letra A, existe la posibilidad de errores interpretativos por parte de los asistentes. Por lo tanto, C también puede confundirse con Sí, o viceversa, pero ese error es poco probable.

Difícilmente se puede excluir la guía inconsciente; es decir, no se puede excluir de manera segura cuando la respuesta es del tipo esperado. Pero en el presente caso nuestro deseo era evitar este control; las paradas a veces llegaban en letras inesperadas; y una larga sucesión de cartas pronto dejaron de tener sentido para nosotros, excepto para quienes tomaban notas.

También cabe señalar que en la sesión de mesa es natural que los asistentes sean los que más hablen, y que su objetivo es dar respuestas breves y no disertaciones.

En cierto punto el control parece mejorar, tal vez como resultado de una mejor práctica por parte del comunicador; y hacia el final aparecen signos de debilidad o cansancio; y si la sesión dura una hora o más, el cansancio que se produce no es ninguna sorpresa.

Mi esposa, el matrimonio Kennedy y yo estuvimos presentes en esta sesión, con otra pequeña mesa para el letrista. Usamos una pequeña mesa de mimbre, de 18 pulgadas cuadradas. Mi esposa y yo nos sentamos uno frente al otro; los Kennedy y la señora Leonard ocuparon los otros asientos. A los cuatro minutos la mesa empezó a moverse.

El nombre de Paul se escribió primero; y luego: Raymond quiere presentarse.

Aquí Lady Lodge murmuró: "¡Querido Raymond!" e inconscientemente dejó escapar un suspiro. La mesa, con Raymond al mando, decía:

- No suspires.

Lady Lodge – ¡¿Suspiré…?!

Lodge – Raymond, tu madre está mucho más feliz ahora.

- Sí.

Lodge – ¿Puedo hacer preguntas?

- Sí.

Lodge – Espera un momento. Vamos a ver. ¿Cómo te llamaron los chicos?

- Pat.

(Esto lo sabíamos nosotros y, por lo tanto, no constituye una respuesta estrictamente probatoria, pero no lo sabía ni el médium ni la señora Kennedy).

Lodge – Ya que respondiste eso, ¿puedo preguntar algo más?

– Sí.

Lodge – ¿Quieres darme el nombre de tu hermano?

El médium repitió el alfabeto de la forma habitual y la mesa se detuvo primero en N; luego en O; en R; en M; luego en A.

– Lodge pensó que las letras R y M habían venido mal, ya que tendían a formar el nombre Norman, y dijo:

Lodge – Estás confundido. Mejor empezar de nuevo. El nombre fue restablecido y dio:

– Noel.

– Lodge – Así es (ver nota al final del capítulo).

Hicimos una pausa aquí, después de lo cual el panel indicó su deseo de continuar y explicó algo aparentemente sin sentido, que el Dr. Kennedy señaló:

¡Fuego!

Lodge – ¡Oh, nos dice que hagamos otra pregunta! ¿Puedes decirnos el nombre de un oficial?

– Sí.

Lodge – Vamos entonces.

– Mitchell.

Lodge – ¿El nombre del oficial es Mitchell?

– Sí.

Lady Lodge – Raymond, no conozco a Mitchell.

– No.

Lodge – Mejor; será aun más evidente.

– Sí.

Lodge – ¿Por eso elegiste ese nombre?

– Sí.

Sra. Leonard (en voz baja) – No, no puede ser.

Lodge (ídem)

– ¿Quién sabe allí? Vamos a ver. Continúa.

El aeroplano.

Lodge – ¿Quieres decir que Mitchell es oficial de avión?

– Sí (muy fuerte).

Lodge – ¿Hay mucho que hacer allí, Raymond?

– Sí (fuerte).

Lodge – Escucha; te daré otro nombre.

– No.

Lodge – ¿No quieres? Bueno, te preguntaré algo más: ¿Encontraste allí a algún amigo mío en particular?

– Sí.

Lodge – Muy bien. Deletrea su nombre.

– Myers y el abuelo.

Lady Lodge – ¿Estás con Myers y Gurney?

– No (con énfasis).

Lady Lodge – ¿A qué abuelo te refieres? Da la primera letra de du nombre de pila.

– W.

Lady Lodge – ¡Mi querido abuelo! ¡Ciertamente tenía que venir a ayudarte!

Lodge – ¿Crees que este sistema de mesa pequeña es mejor que el de "Feda"?

– Sí.

Lodge – ¿Estabas interesado en Italia?

– Sí.

Lodge – ¿Recuerdas a cierta persona en Italia?

– Sí.

Lodge – Deletrea el nombre.

(Un nombre estaba escrito correctamente).

Lodge – ¡Eres un experto en esto!

– Sí (fuerte).

Lodge – Siempre te gustaron las cosas mecánicas.

– Sí.

Lodge – ¿Puedes explicar cómo operas con la mesa pequeña?

La tabla deletreó durante mucho tiempo y como las palabras no estaban divididas, los asistentes estaban confundidos, sin entender nada. Yo, por ejemplo, me perdí tras la palabra "magnetismo" y no encontré ningún significado en lo que estaba escrito. Pero el escribano tomó todas las letras y las separó.

"Ustedes proveen el magnetismo que se acumula en el médium y nosotros lo manipulamos."

El interés de esta respuesta es que la tabla deletreaba palabras sin ninguna división, de modo que como no podíamos entender el significado, no podíamos ejercer control.

La noción dada no es probatoria, porque podría ser conocida por el médium; en muchos otros casos; sin embargo, lo dicho estaba completamente fuera del conocimiento del médium.

Lodge – Es lo mismo que aquí llamamos magnetismo, ¿no?

– No.

Lodge – ¿Y no te opones a ese término?

– No.

Lady Lodge – ¿Puedes verme, Raymond, cuando no estás con la médium?

– A veces.

Lady Lodge – ¿Cuándo pienso en ti?

– Sí.

Lodge – Esto debe ser muy frecuente.

– Sí. (alto).

Le pregunté sobre algunas residencias, de las cuales especificó ciertos aspectos en una sesión que tuve con Peters en septiembre. Raymond pareció lamentar la confusión y escribió correctamente Grovepark como una de las casas y Newcastle como el lugar donde estaba "la casa de mi madre." Pero omito los detalles.

Lodge – Ahora necesitas descansar, Raymond.

– Sí.

Lady Lodge – Uno de esos sueños tuyos, Raymond...

– Sí. (alto).

Observaciones realizadas el mismo día.

En esta sesión se dijeron muchas cosas correctas. Pero aparecieron dos nombres que requirieron comentario, porque los asistentes no los entendieron y si se aclaraban podrían constituir una excelente prueba.

El primer nombre era Norman, del que ahora se puede decir mucho; pero creo que es mejor dejarlo para más adelante, porque efectivamente es una circunstancia inolvidable y sumamente importante.

El otro era Mitchell, cuya existencia actualmente no podemos verificar. Hay que posponer el punto. Me basta señalar que hasta hoy – 6 de octubre –, este nombre no nos dice nada.

Nota sobre el nombre "Norman"

Descubrimos que "Norman" era una especie de nombre de guerra que mis hijos usaban cuando jugaban hockey, lo que a menudo hacían como gimnasia. Raymond, que era fuerte en este juego, tenía la costumbre de gritar: "¡Ahora, Norman!" u otras palabras de aliento para los mayores a los que quería animar, especialmente Lionel. Eso es lo que llegué a saber ahora. Por tanto, puedo testificar que hasta esa sesión desconocía por completo ese nombre. Y mi esposa, lo mismo.

Debo recordar que le pregunté qué nombre le ponían los chicos, y que tras algunos errores, obviamente por mal manejo de la mesa, respondió con "Pat." Muy cierto. Luego le pregunté si podía darme el nombre de un hermano y la respuesta fue "Norman", lo cual pensamos que era un error. No le dejé expresar la última letra, N, diciendo que estaba confundido y pidiéndole que empezara de nuevo. Luego de eso, en la mesa se deletreó la palabra "Noel", aceptada como correcta. Pero ahora tengo que observar que el nombre "Norman" fue lo mejor que se le ocurrió, ya que era un apodo que todos se ponían entre sí. Y un apodo así era la mejor respuesta, porque ya habíamos aceptado el apodo de "Pat." En ocasiones posteriores, Raymond explicó que era el apodo que le había puesto a Lionel, aunque a través de la señora Kennedy había dicho que era el apodo que le habían dado a Alec. Es muy posible que en esta ocasión se refiriera a Lionel y la señora Kennedy registró Alec. No sé. En otra sesión familiar, sin médium, uno de los chicos preguntó: "Pat, ¿te acuerdas de Norman?", a lo que, con cierta emoción, la mesa respondió: "Hockey", cerrando así el círculo.

La prueba más rica; sin embargo, fue la obtenida cuando ninguno de los presentes entendió lo que se había dicho; es decir, el nombre "Norman", que juzgamos como un error; y también la explicación dada a la señora Kennedy, que era el nombre con el que llamaba a uno de sus hermanos – lo que revela que el nombre fue pronunciado intencionalmente y no accidentalmente.

En cuanto al apodo "Pat", reproduzco aquí algunos pasajes del Diario de Noel, como prueba que realmente era el apodo de Raymond – pero este hecho lo conocíamos.

1914

9 de septiembre: Pat vuelve a ponerse en servicio en L'pool.

10 de septiembre: Pat ingresa en el 3er South Lanc's.

14 de septiembre: Pat arreglando la mochila. Inspeccionamos los revólveres.

18 de septiembre: Pat practica tiro en Harborne. No creo que sea fácil.

19 de septiembre: me hago miembro del Harborne Rifle Club.

20 de septiembre: Pat en el tiro nuevamente.

23 de septiembre: Pat deja L'pool para entrenar en Crosby. De momento abandono la idea de la comisión.

17 de octubre: Pat viene a dar la bienvenida a los viejos que regresaron de Australia.

20 de octubre: Pat regresa a L'pool.

Nota sobre el nombre "Mitchel"

Cuando se le preguntó el 28 de septiembre por el nombre de un oficial, Raymond deletreó la palabra "Mitchell" y la asoció firmemente con la palabra "Avión." También dijo que su gente no conocía a Mitchell, lo que contribuyó a la evidencia.

Después de varios intentos de identificación, gracias a los buenos oficios del bibliotecario de la Biblioteca de Londres, supe, el 10 de octubre, que había un segundo teniente E. H. Mitchell adscrito al Royal Flying Corps. En consecuencia, escribí a la Oficina de Registro y recientemente, en noviembre, recibí una carta del Capitán Mitchell, a quien le pido disculpas por usar su nombre:

"Muchas gracias por su amable carta. Creo que encontré a su hijo, aunque no recuerdo dónde. Mis heridas están casi curadas y me adscribí al Establecimiento del Hogar por algún tiempo, con el grado de Capitán. Su carta me llegó esta mañana; de ahí la demora en la respuesta."

EH Mitchell.

Para concluir este capítulo transcribiré un fragmento muy característico de una comunicación de "Paul", aunque no sea evidente. Esta comunicación fue recibida únicamente por la señora Kennedy, quien tomó nota de la parte a que me refiero en estos términos:

"Me resulta difícil dar una idea de lo rápido que aprende Raymond; parece saber todo lo que nos esforzamos para que otros aprendan.

Pobres criaturas, nadie las ilumina antes de pasar, y sufren cuando nos ven y se sienten vivos – y sus familiares allí llorando.

Para ti y para mí la tarea se vuelve cada vez más difícil a medida que pasan los días; se necesitarían miles de personas en el emprendimiento, y ustedes son muy pequeños."

Capítulo X Buscando más evidencia

En las sesiones de mesa, queda claro que cuando las comunicaciones son conocidas por los asistentes, siempre se debe considerar la hipótesis de la guía muscular.

Muchas de las respuestas obtenidas en nuestros experimentos estaban más allá del conocimiento del médium o de la señora Kennedy, pero no de mí ni de la mayoría de los miembros de mi familia; y siendo este el caso, nos vemos obligados a admitir la posibilidad que inconscientemente influimos en la mesa con nuestros músculos, por mucho que nos comprometiéramos a no hacerlo. Pero las respuestas que llegaban, o la forma en que llegaban, eran a menudo completamente inesperadas, de modo que no permitían ningún control consciente. Cuando la respuesta llegó en una frase larga, perdimos el hilo y no pudimos decir si tenía sentido o no, ya que las palabras formaban una serie continua de letras, sin separación alguna. Quien tomó notas fue quien separó lo que a primera vista parecía absolutamente ininteligible. Ejemplo:SEMENOSAPRESURADOALECVIEJOMÍO

que era un mensaje, o:

ACUMULAENLOSMÉDIUMSYPASAALAMESAYLOMANIPULAMOS

que era parte de otro. Esto solo se volvió legible después de la separación, nunca cuando las letras estaban ordenadas.

Sin embargo, la familia se mostró escéptica al respecto. Mis hijos entonces imaginaban ciertas preguntas de examen sobre hechos triviales, que debían estar solo en la memoria de Raymond y en la de ellos, cosas que ocurrían durante paseos o excursiones que hacían juntos. Yo tampoco era consciente de esto. Se reunieron en un cónclave secreto y formularon estas preguntas.

El 12 de octubre los llevé a Londres en un sobre cerrado – que solo abrí cuando iba a la sesión –, y los presenté allí. Ya nos habían mencionado un incidente que no conocíamos en el caso del nombre "Norman", pero los chicos querían más. Aquí reproduzco el informe de aquella sesión:

Segunda sesión de mesa entre la pareja de la Lodge, los Kennedy y la Sra. Leonard, el 12 de octubre de 1915.

Escribano: Sr. Kennedy

Al inicio de la sesión O. L. explicó que estaban comprometidos a obtener pruebas perfectas; que todo había sido preparado para tal fin; y que sin duda los del "otro lado" estarían de acuerdo y cooperarían.

Siguió una pausa de tres minutos y medio, tras la cual la mesa se movió lentamente.

Lodge – ¿Paul estás ahí?

– Sí.

Lodge – ¿Trajiste a Raymond?

– Sí.

Lodge – ¿Estás ahí, Raymond?

– Sí.

Lodge (después que Lady Lodge saludara a su hijo) – Bueno, presta atención a esto, muchacho. Tengo algunas preguntas que no tienen sentido para mí, pero que tus hermanos creen que entiendes. El objetivo es determinar si los asistentes no influyen en las respuestas. En el caso de estas preguntas esto es imposible porque aquí nadie sabe nada al respecto. ¿Entiendes mi objetivo?

– Sí.

Lodge – Muy bien. ¿Puedo empezar?

– No.

Lodge – ¡Oh! ¿Quieres decir algo primero?

– Sí.

Lodge – Muy bien. Vayamos al alfabeto.

DILESQUEAHORAINTENTODEMOSTRARQUETENGO MENSAJESPARAELMUNDO

Lodge – ¿Eso es todo lo que tienes que decir?

– Sí.

Lodge – Bueno, ahora te voy a proponer una pregunta de los chicos, pero tengo que explicarte que es posible que en ciertos casos no entiendas la referencia. Difícilmente podemos esperar que las responda todas; y si no puedes responder una, pasaremos a la siguiente. Pero no te preocupes. La primera pregunta es: "¿Recuerdas algo sobre los argonautas?"

(Silencio por un rato).

Lodge – "Argonautas", repito. ¿Esa palabra significa algo para ti? Despacio.

– Sí.

Lodge – ¿Qué puedes decir?

– Sí. Telegrama.

Lodge – ¿Esa es la respuesta completa?

– Sí.

Lodge – Bueno, pasemos al segundo. – "¿Qué recuerdas de Dartmoor?"

La pausa fue más corta y la tabla decía esto:

– Bajando.

Lodge – ¿Eso es todo?

– No.

Lodge – Continua.

NO.

– Morro Ferry.

Lodge – ¿Es este el final de la respuesta?

– Sí.

Lodge – Bueno, pasemos a la tercera pregunta, que me parece más complicada. ¿Qué te sugieren estas palabras: "Evinrude O. B. P. hermana del Kaiser?"

No se obtuvo respuesta; la pregunta no pareció despertar ningún recuerdo. Cuando se le preguntó el nombre del hombre a quien Raymond le había regalado su perro, la mesa dijo:

– Stallardi.

Lo que es correcto. Pero este hecho era conocido por nosotros.

Observaciones sobre las palabras "Argonautas" y "Dartmoor"

Cuando llevamos las respuestas dadas a las dos primeras preguntas a los hermanos de Raymond, no quedaron satisfechos.

Sin embargo, descubrí que la palabra "Telegrama" estaba relacionada con la pregunta – una relación completamente desconocida para mí y mi esposa –, pero que no era lo que los chicos esperaban. El año anterior, mientras Lady Lodge y yo estábamos fuera de casa, mis hijos condujeron hasta Devonshire y, en Tauton, Raymond se detuvo en la oficina de correos para enviar un telegrama diciendo que no había noticias y lo firmó como "Argonautas." Mis hijas recordaban perfectamente este telegrama, pero los muchachos no.

Raymond dio la respuesta que querían más tarde, en un momento en el que la prueba ya no valía nada, y solo cuando le presenté las palabras: "Tent Lodge, Coniston" como sugerencia.

Ahora que sé la respuesta requerida, no creo que la pregunta tenga ningún valor; pero la respuesta "Telegrama", que los chicos no esperaban, me parece genial, o mejor que la otra. Llegué a conocer algo de un viaje a Islandia en el yate Argo del señor Alfred Holt, y de la descripción poética que el señor Mitchell Banks y el doctor Caton dieron, en un libro, del salón de Tent Lodge, Coniston, pero nunca supuse que era lo que querían; y si la respuesta fuera esa, sería de menor calidad que la obtenida.

En cuanto a la palabra "Dartmoor", los chicos dijeron que la respuesta "Bajando" era correcta pero incompleta y que la palabra Ferry no les sugería nada. Ante esto, el 22 de octubre, en una sesión con Feda, pregunté:

Lodge – ¿Recuerdas, Raymond, algo sobre Dartmoor y la colina?

Feda – Sí, él responderá cualquier cosa al respecto. Dice que fue emocionante.

Lodge – ¿Qué dice? ¿Por qué?

Feda – Cualquier cosa sobre un freno – arreglar el freno. Luego habla de una curva repentina – una curva –, y me da un empujón, como si estuviera haciendo una curva rápida.

Más tarde, Alec me informó de un largo viaje en coche por la noche, en el que el silenciador se había roto al final de un descenso excepcionalmente fuerte y empezó a hacer un ruido inquietante. El conductor del coche hizo el descenso rápidamente, con aplicaciones repentinas del freno y zigzaguea rápido, de modo que los que iban detrás encontraron peligrosa la cosa y finalmente lo hicieron detener, insistiendo en descender lentamente, Raymond iba delante con el que conducía.

Las sensaciones de los demás estaban fuertemente ligadas a las maniobras de frenado y desvíos. En la pregunta formulada, los chicos esperaban que la respuesta de Raymond se refiriera al ruido del silenciador roto, que fue reparado esa misma noche, en la primera ciudad donde pararon.

Lodge – También dijo algo sobre un Ferry. ¿Qué es?

Feda – No, no recuerda nada.

Lodge – Bueno.

Feda – Hay uno: sí, hay uno. Pero él no tiene nada que decir al respecto. Te hace ver que la mención de esa palabra era un pensamiento errante que no quería transmitir a través de la mesita. Hubo dos o dos cosas que surgieron así. Pensamientos errantes. Obtuviste la respuesta que querías, dice. Dijo Morro; Ferry se fue accidentalmente. Una cosa no tiene nada que ver con la otra.

Posteriormente tuve la oportunidad de volver a esta palabra "ferry"; nadie en la familia recordaba ningún "ferry" ni podía encontrar ninguna aplicación para la palabra. La respuesta fue que su mención de un "ferry", relacionado con un recorrido en coche, no estaba injustificada, pero admitió que "algunas personas no lo llamarían ferry." Durante algún tiempo todavía esperé las aclaraciones necesarias, y finalmente, el 18 de agosto, recibí una nota de Alec sobre un viaje realizado ese mes, en la que dice:

"Por cierto, de camino a Langland Bay – que era la ruta que siempre cogíamos antes que existiera la carretera a Newquay –, pasamos por Briton Ferry, donde hay un pequeño ferry precioso."

Así que incluso este recuerdo semi accidental no parece completamente carente de sentido, aunque no debería ser una respuesta a la pregunta sobre Dartmoor.

Más tarde, en una sesión con Alec, quien nuevamente pronunció la palabra Dartmoor, Raymond respondió: "Algo explotó", lo cual es cierto. El ruido atroz de la bufanda después de la avería era exactamente lo que los chicos querían que recordara.

Observaciones sobre este tipo de preguntas

Es fácil ver que una sola palabra separada del contexto y lanzada a una persona que en ese momento puede estar en un estado de ánimo completamente diferente, constituye una prueba difícil; y en general supongo que las preguntas tuvieron respuestas satisfactorias, aunque no fueron las esperadas. Si los chicos estuvieran presentes en la sesión, la prueba se vería comprometida; las respuestas podrían verse influenciadas por su presencia, creando una atmósfera propicia para el recuerdo. Pero en mi presencia y en la de mi esposa, ignorante de todo, no es de extrañar que las respuestas fueran solo parcialmente satisfactorias – aunque a mí me parecieron buenas. En cualquier caso, tuvieron el efecto de animar a los chicos a organizar sesiones de mesa en casa, por su cuenta.

✱ ✱ ✱

El 13 de octubre, gracias a la amabilidad de la Sra. Kennedy, tuvimos una sesión anónima con una médium que no conocíamos, la Sra. Brittain, de Hanley, Staffordshire, en la casa de la Sra. Kennedy.

La sesión no tuvo éxito; la médium parecía cansada y molesta con una exigencia, pero obtuvimos algunos puntos probatorios, aunque sin referirnos a Raymond. Recién al final la médium declaró que alguien estaba pronunciando el nombre "Raymond."

En una reunión posterior con la señora Kennedy, la señora Brittain dijo que un chico llamado "Pat", acompañado por Paul, había venido a verla la noche de la sesión – y así capturó la escena:

14 de octubre de 1915.

Estaba descansando, pensando en los acontecimientos del día y aburriéndome de lo que me esperaba el próximo lunes, cuando tomé conciencia de la presencia de este querido muchacho. Él dijo: "Soy Pat y, oh, quiero hablar con mi mamá." Luego vi a tu amado hijo – Paul –, con él, quien me pidió que te hablara sobre Pat y te dijera que su padre tendría pruebas sin tener que buscarlas.

Capítulo XI La primera sesión de Alec

Son necesarias algunas palabras sobre la actitud de la familia de Raymond en este asunto. Se podría pensar que mi conocido interés en el tema era compartido por mi familia, pero ese no fue el caso. Hasta donde puedo juzgar, creo que mi actitud tuvo el efecto contrario; y solo después de recibir pruebas irrefutables cambiaron su forma de pensar.

Mi esposa había experimentado con la señora Piper en 1889 y se mantuvo escéptica hasta aproximadamente 1906, cuando obtuvo pruebas extraordinariamente sólidas. Pero ninguna de sus experiencias fue compartida por su familia, que no había leído nada sobre el tema, ni por mí ni por nadie más, y no estaban en condiciones de dejarse convencer por su propia experiencia. Todos vieron el asunto con desinterés y escepticismo. Pero no hubo fricciones ni decepciones. La vida era muy interesante y hasta la muerte de Raymond nadie sentía la necesidad de pensar en la supervivencia o la posibilidad de comunicarse.

La primera sesión realizada por los chicos, además de las sesiones amateur realizadas en casa, tuvo lugar el 23 de octubre, con Peters. Estuvieron presentes Alec y Lady Lodge, quienes no dieron sus nombres. Reproduciré las notas tomadas por Alec.

Notas de Alec de la sesión

Mi madre y yo llegamos a la casa de la señora Kennedy a las cinco menos once. La señora Kennedy preguntó si podía participar en la sesión, a lo que accedimos. Apareció Peters. Hubo apretones de manos, pero no presentaciones.

La sesión fue muy irregular y de poca importancia aparente; pero después de unos minutos se volvió impresionante. Sentí como si mi mano estuviera apretada entre la de Raymond y como si él estuviera hablando con su propia voz. Mi mano derecha estaba a salvo, pero incluso si la tuviera suelta, dadas las circunstancias no podía tomar notas. Lady Lodge añade que ni ella ni nadie pudo hacerlo durante esta parte de la sesión.

Informe

Después de una conversación preliminar y mensajes de familiares, transmitidos a través de Peters controlado por Moonstone, hubo una pausa y el control pasó a Raymond. Al principio la enunciación de las palabras parecía muy confusas.

"Quiero presentarme.

Mamá, ayúdame. Porque tú sabes.

No fue tan malo. No es tan malo.

Sabía que no ignorabas la posibilidad de comunicación, de modo que cuando aparecí estaba en mejores términos que los demás de este lado. Muchas veces hablamos de este tema y papá entiende; y ahora, unirme con sus fuerzas es más fácil."

En ese momento, el médium agarró la mano de Alec por encima de la mesa, de modo que las notas fueron interrumpidas. Los brazos del médium estaban extendidos sobre la mesa y su cabeza bajada entre ellos; la mano de Alec permaneció atrapada entre las manos del médium. Y todo este tiempo la médium habló con gran sentimiento, sacudida por sollozos; cabeza y cuello congestionado; todo muy fuerte, muy emotivo; y la voz era notablemente similar a la de Raymond. Alec también notó que el apretón de manos se parecía al de Raymond. Esto ocurrió en mitad de la sesión, momento en el que no pudimos tomar notas, ni siquiera la señora Kennedy. Después de un tiempo las manos de la médium se soltaron y se pudieron tomar notas.

Alec dice:

"La pausa fue breve pero cargada de una emoción sentida fuertemente por todos.

Pero no, espera.

Porque me lo dijeron. No me da vergüenza.

Estoy contento.

Entonces entiendo las cosas de otra manera. Y gracias a Dios puedo hablar.

Pero... Los chicos me ayudan.

No sabes lo que hizo. ¿Quién podría ayudar?

Pero tengo que quedarme callado, prometí calma. El tiempo es tan breve.

Dile a papá que estoy feliz.

Me alegro que no haya venido.

Si él estuviera aquí no podría hablar. Me cuesta expresar lo que quiero.

Cada vez que vuelvo me siento más tranquilo. Lo difícil fue antes.

El día 15, ¿entiendes? Y el 12.

(No pudimos entender estas fechas).

Pero cada vez que vengo es mejor.

Si el abuelo no ayudara, yo no podría.

Ahora debo retirarme.

... roto...

Pero dije ¡gracias a Dios!"

(Aquí en este punto cambió el control; hubo un alivio general; la nueva guía era Biddy).

"Soy yo quien va a hablar ahora.

Aquí hay otra madre. Ayudaré al chico. Le dije que volviera, etc.

(Aquí hubo una pausa; y vino otro guía, probablemente Moonstone, o el propio Peters presa de la clarividencia).

Trajiste contigo una fuerza tremenda. No siempre dices lo que piensas. Tu fuerza intuitiva es fuerte.

Tu mente está muy bien equilibrada (y así sucesivamente)... En los últimos tres meses las cosas han cambiado. Estás profundamente perturbado. No tenías idea de lo fuertes que son los lazos que te unen a alguien que vino aquí. Es necesario cuidar a tu madre.

Conoces su devoción por ambos y por lo que vino...

El que vino es un hermano. Quiere enviar un mensaje.

(Algunos mensajes omitidos).

No lloras, pero tu corazón llora por dentro.

Ayuda a otros. Estás haciendo esto. Si nunca intentaras hacer lo que él hizo, serías aniquilado físicamente.

Todo esto viene de él.

(A Lady Lodge).

Muy contenta con las fotografías.

Has hecho algo que es satisfactorio.

(Evidentemente se refiere a dos fotografías encontradas en su bolsillo después de su muerte).

Quiero enviarle un mensaje a papá, pero esta vez no sobre él. No puedo ver las iniciales F W M con claridad, pero F M quiere ser recordado y dice: Sigo siendo muy activo. Ponte en contacto con Crookes sobre la radio."

Nota de Oliver Lodge

Lady Lodge me impresionó con su relato de los episodios anteriores. Fue difícil calmarse durante el resto del día. No creo que la nota aquí reproducida impresione a nadie, excepto a personas con experiencias similares.

Capítulo XII Primera sesión de Lionel

El 17 de noviembre, Lionel Lodge, hermano de Raymond, fue a Londres para ver si podía concertar una sesión anónima con la señora Leonard, sin la intervención de la señora Kennedy ni de nadie más.

Encontró que durante ese tiempo la médium tuvo que atender a decenas de desconocidos, personas sin ningún vínculo con nuestra familia, pero afortunadamente logró ser admitido sin dar su identidad. El informe de lo sucedido merece publicación. Hice omisiones, en parte por razones de brevedad, en parte porque era un asunto muy privado; pero aparte de eso, incluso lo que no tiene carácter probatorio aparece reproducido. Hay que destacar que Feda habla en todo momento, a veces en tercera persona, a veces en primera y a veces sola. No es probable que la lucidez del control fuera constante durante toda la sesión, por lo que Feda pudo haber utilizado rellenos. Ella es excelente y muy cuidadosa; como todos los guías, pero se deja llevar por ciertos manierismos e infantilidades, como cambiar el nombre de Paul por el de Paulie, etc. Las dramáticas circunstancias de la sesión son familiares para quienes tienen experiencia en el asunto. El informe intenta reproducirlos, pero con poco éxito. Y es posible que el intento, aunque consciente, proporcione una oportunidad para el ridículo – si la crítica hostil considera oportuno utilizar este recurso.

Sesión de Lionel Lodge en casa de la Sra. Leonard
PRESENTACIÓN DE OLIVER LODGE

Lionel le escribió a la señora Leonard y le envió la carta a su antigua dirección, Warwick Avenue, porque me había olvidado de darle la nueva. Lionel usó papel normal y no firmó diciendo que aparecería pronto. Pero la señora Leonard no recibió nada, así que cuando mi hijo llegó a Londres, el 17 de noviembre, solo allí, en la antigua dirección, se enteró de la nueva. En casa de la médium fue recibida sola. Declaró que quería una sesión. La señora Leonard cerró las persianas, encendió una lámpara roja y dijo que estaba controlada por "Feda." Todo rápido. A los dos minutos comenzó el trance y Feda habló.

Informe de Lionel

(Las observaciones entre paréntesis son mías).

Feda – ¡Buenos días! ¿Entonces también eres psíquico?

Lionel – No sabía que lo era.

Feda – Veo dos espíritus cerca de ti; el más antiguo, completamente desarrollado; el más joven, aun inseguro. El anciano es alto y bien formado; tiene barba, pero no bigote.

(Esto parece preocupar a Feda, que repitió la descripción varias veces, como si intentara mejorarla).

Barba completa y pelo a los lados, pero sin bigotes. Frente amplia, cejas fuertes y algo rectas – no arqueadas; ojos cafés; cabello ralo en la parte superior, gris en los costados y la espalda. Parece que era marrón antes de volverse gris. Rostro bonito. Está construyendo cualquier cosa. Sufrió esto antes que pasara (y el médium indicó su estómago o pecho).

Letra W (se refiere a un miembro de la familia, aquí denominado "abuelo").

Y hay otro espíritu. Alguien se ríe. No bromees, es serio.

(Esto fue murmurado como si estuviera dirigido a alguien, no a mí).

Es un joven de unos 23 o 25 años, a juzgar por su apariencia. Alto; bien construido pero no grueso; cabello castaño, corto a los lados; nariz no muy recta, ancha en las fosas nasales.

(Murmurando) Feda no puede ver su cara.

(Levantando el tono) No me deja ver su cara; está yendo.

(Murmurando varias veces) L, L, L.

(Fuerte) Ese no es su nombre; es el nombre que se da a sí mismo. (Siempre murmurando) Feda lo conoce – Raymond. Oh sí ¡Raymond!

(En este punto la señora Leonard se agita y le estrecha la mano como un niño repentinamente feliz).

Por eso no quiso dar la cara, porque Feda lo reconocería.

Te está golpeando fuerte el hombro. No sientes nada, pero él cree que está golpeando fuerte.

(Parece haber sido costumbre de Raymond golpear a su hermano en el hombro, cada vez más fuerte, hasta que hubo una reacción).

La impresión que da es muy brillante.

Ha intentado presentarse en casa, pero siempre surgen problemas terribles, no terribles, pero sí confusos. En realidad te afectó, pero otras condiciones se interpusieron y arruinaron todo.

(Esto evidentemente se refiere a alguna sesión sin médium en Mariemont – sin un médium con quien Feda o la señora Leonard tuvieran relaciones. El caso muestra conocimientos específicos, revelando correspondencia inter mediúmnica.

L.L. – ¿Cómo podemos mejorar esto?

F.– Él aun no lo sabe. Intervienen otros espíritus, no malos espíritus, sino aquellos a los que les gusta sentirse ayudados. Esto lo confunde terriblemente. Parte de la comunicación la hizo él; pero después que la mesa entró en acción, ya no era él. Se sobresaltó, pero alguien más fuerte llegó y tomó control de él.

(Murmurando) Feda, ¿puedes sugerir algo?

(Esto parece estar relacionado con una conversación del otro lado).

Manténgase firme cuando la mesa comience a moverse. La oración ayuda cuando las cosas van mal.

L.L. – ¿Recuerdas alguna sesión en casa, en la que me dijiste que tenías mucho que transmitir?

F. – Sí. Lo que quería decir era sobre el lugar en el que se encuentra. Pero no podía deletrearlo; muy laborioso. Y al principio se sintió abatido. No se siente tan real como nosotros aquí, y las paredes ahora, para él, parecen transparentes. Lo más importante que le hizo reconciliarse con su nuevo entorno fue que todo parecía sólido y sustancial. La primera idea que tuvo al despertar (dice) fue que "estaba pasando." Uno o dos segundos con todo en sombras, todo vaporoso y vago. Así es como se sintió.

La primera persona que lo buscó aquí fue el abuelo. Y luego otros; solo había oído hablar de algunos. Todos le parecían tan sólidos que apenas podía admitir que habían pasado.

Vivo en una casa (dice) construida con ladrillos, y hay árboles y flores, y el suelo es macizo. Si nos arrodillamos en el barro, aparentemente nos ensuciamos la ropa. Lo que todavía no entiendo es que la noche no sigue al día, como en el plano terrenal. A veces parece oscurecer cuando quiere que esté oscuro, pero el tiempo entre la luz y la oscuridad no siempre es el mismo. No sé si te parece aburrido.

(Me preguntaba si mis lápices durarían. Tenía dos y ya había cogido el segundo).

Lo que me preocupa, dice, es cómo está hecha la cosa, cómo está compuesta. Aun no lo he descubierto, pero ya tengo una teoría. No es mi idea original: se formó con palabras recopiladas aquí y allá.

Dice algo como esto: hay algo que siempre está elevándose desde el plano de la tierra, cualquier cosa en forma química.

A medida que asciende hacia nosotros, sufre varios cambios y se solidifica en nuestro plano.

Siente que es cualquier cosa que emana de la Tierra lo que hace que los árboles y las flores sean sólidas, etc.

Él no sabe nada más. Está estudiando, pero lleva tiempo.

L.L. - Quiero saber si puede contactar a alguien en la Tierra.

F.- No siempre. Solo con aquellos que quieren verlo, y aquellos que son buenos para que él los vea, así los ve, tan pronto como piensa. No desea ver a nadie a menos que se lo lleven.

Y dice: Me dijeron que puedo encontrarme con cualquiera en cualquier momento, no hay dificultades. Eso es lo que hace de este un buen lugar para vivir.

L.L. - ¿Raymond puede ayudar a alguien allí?

F. - Eso es parte de su tarea, pero hay otros que la están cumpliendo; la mayor parte de su trabajo se relaciona con la guerra. Dice: He estado en casa, pero mi verdadero trabajo es la guerra. Tengo algo que ver con mi padre, aunque mi trabajo es en la guerra, ayudando a los arrojados violentamente al mundo del espíritu.

L.L. - ¿Puedes predecir o ver lo que viene?

F. - A veces pienso que sí, pero no es fácil. No creo saber más hoy que cuando estaba en la Tierra.

L.L. - ¿Puedes decir algo sobre la guerra?

F. - Hay mejores perspectivas. Por todos lados hay cosas más satisfactorias que antes. Esto no es evidente en el plano terrenal, pero me siento más satisfecho que antes.

No puedo evitar sentirme intensamente interesado. Creo que perdimos a Grecia... y no estoy seguro que no haya sido culpa nuestra. Recién ahora hemos hecho lo que se suponía que debíamos hacer meses antes.

No estoy de acuerdo con respecto a Serbia. Dejarlo durante tanto tiempo solo tuvo un efecto negativo en Rumania. Rumania cree que se subirá al mismo barco si se une a nosotros.

Todo el mundo está de acuerdo en que Rusia atravesará el invierno. Mostrará lo que puede hacer. Rusos acostumbrados a su terreno y al invierno. Creo que algo está surgiendo. Algunas de las cosas triviales que me interesaban ya las he olvidado. Hay más cosas de las que preocuparme aquí. A veces entiendo la gravedad de la guerra... Es como ver una carrera o un juego muy interesante que se desarrolla gradualmente ante nosotros. Estoy trabajando en ello, lo cual es menos interesante que mirar.

L.L. - ¿Hay algún mensaje para casa?

F. - Extraño a mi madre y a todos, pero especialmente a mi madre. H. está actuando muy bien.

(H. es decir, tu hermana Honor).

L.L. - ¿En qué sentido?

F.- Es ayudar de manera psíquica; me facilita las cosas. Tenemos que separar lo bueno de lo malo y buscar nada más que un camino – y no el jig, jig...

F.– No me gusta el jig, jig. Creo que puedo operar en la mesa. (Ver capítulo XV).

L.L. - ¿Quieres decirme cómo puedo ayudar?

F. - Ve despacio, deja hablar solo a una persona, como te dije. Podría ser H. o L.L. Elija una persona para hacer preguntas, porque diferentes sonidos de voces me confunden y confunden mis pensamientos. No quiero abandonar eso; me gusta. No lo intentes más de dos veces por semana; o, mejor aun, una. Intenta tomar siempre el mismo tiempo y, si es posible, operar los mismos días. Presentar mis errores a todos. Diles que estoy muy feliz. Muy, muy, y con mucho trabajo por hacer, e intensamente interesado. Al principio sufrí el shock; pero ahora me siento extremadamente feliz. Estoy libre.

Feda – No dijo hasta luego.

Llegó una mujer: joven, de mediana estatura, esbelta pero no delgada; cara ovalada; ojos azules; cabello castaño claro.

L.L. - ¿Puedes dar el nombre? Por la descripción no puedo hacerme una idea de nadie.

F. - Ella construye una L.

Cuando estuvo en la tierra no se parecía a mi descripción. Su estancia en la Tierra fue muy corta. Relacionada contigo. Creció en este plano.

¡Oh, es tu hermana! Es linda; no tan alta como tú; hermoso rostro, ojos azules.

L.L. - Ahora sé su nombre.

(En otra sesión se describió a esta hermana de Raymond).[5]

F. - Extraño a los de casa, pero especialmente a mi madre. Y dígale que ella y su hermano (no Raymond) han estado asistiendo a las sesiones en casa.

L. sostiene lirios en sus manos; está cantando - tarareando. Feda no entiende las palabras.

Se aleja. La fuerza ha llegado a su fin.

L.L. - Mis saludos a esta chica.

---

[5] Trae consigo a una niña, una niña que se desarrolla en el mundo espiritual. Pertenece a Raymond: pelo largo y rubio, figura hermosa, esbelta, con un lirio en la mano. Otra criatura que pasó muy pronto: un niño; no lo reconocerías si lo vieras ahora; parece de la misma edad que Raymond, pero muy espiritual; trae consigo una W; sabe muy poco sobre el plano terrestre; pasó demasiado pronto. Ambos están con Raymond ahora. Los espíritus parecen jóvenes cuando pasan temprano. Raymond está entre ellos. (Esta revelación encaja perfectamente con dos niños muertos, un niño mayor que Raymond y una niña menor).

Raymond ahora está muy feliz. Y no dice esto para complacer a nadie. Él está realmente feliz. Dice que esto es más interesante que volver a casa. Aquí hay un enorme campo de trabajo. Su padre y él están haciendo mucho. Él dice: "Cooperaré tanto como pueda." Y a su madre: "Si tú eres feliz, yo lo seré aun más. Su madre solía suspirar, lo que le hacía mal efecto. Tu padre ha sido admirable.

F. – Feda también envía la suya.

Raymond estaba bromeando, ocultando su rostro a Feda.

Hasta luego.

Capítulo XIII Conversaciones no probatorias

En la sesión que tuve con la señora Leonard el 3 de diciembre de 1915, esa información sobre fotografías, ya reportada en el capítulo VIII. En todas estas sesiones, la nota "a media voz", escrita entre paréntesis, significa discurso entre Feda y el comunicante, y por tanto no está dirigida a los asistentes. Siempre trato de capturar estos fragmentos escuchados porque son interesantes y a veces mejores que lo que se dice en voz alta. Porque Feda parece no solo murmurar el pensamiento que le preocupa sino reflejar lo que le ha sido transmitido; a veces los nombres aparecen allí con total exactitud, mientras que luego aparecen desfigurados. Ejemplo: en una ocasión Feda murmuró en voz baja "¿Qué dices, Rowland?" y luego, en voz alta: "Dice cualquier cosa como Ronald." Ahora bien, en este caso el nombre Rowland era el correcto. El impresionante carácter de Feda parece estar plagado de cierta irresponsabilidad infantil. A veces, Raymond advierte que "tiene que hablar seriamente con ella sobre esto." Últimamente Feda ha mejorado en muchos aspectos.

Sé que en las actas de las sesiones hay cosas sin valor probatorio y hasta grotescas; pero no me siento inclinado a excluirlos. Doy las razones al final de este capítulo (nota nº 4) y también en el XX. Algo de esto es bastante divertido, pero las referencias a vivir en el otro lado no son material verificable. Admito que tienen diversos grados de valor y están particularmente sujetos a falsificación por parte del médium, aunque inconsciente. Y nunca serán satisfactorios hasta que podamos verificarlos. La dificultad es que Feda se aparece a un gran número de asistentes, y si la mayoría son meros investigadores, los que solo escuchan y toman notas, habrá algunos llenos de teorías concretas, que intencionada o inconscientemente pueden transmitirlos al "control." Y puede devolverlo como información suya, sin saber de qué fuente la obtuvo. Últimamente han aparecido obras que dan información sobre el otro lado, de forma positiva y categórica; también es muy posible que los médiums se dejen influenciar por las obras. Sería lamentable que estos libros fueran aceptados como autoridad por personas que son incapaces de percibir los errores científicos que contienen. Para la mente de las personas con espíritu crítico, solo sirven para retrasar el conocimiento sano del tema.

Extracto de una sesión con la señora Leonard, en su casa, el 3 de diciembre de 1915.

(Presente: el médium y O. L. Feda habla en su forma habitual, como intérprete de Raymond)

Feda - ¡Oh, es interesante, dice, mucho más que en el antiguo plano terrenal! Nunca querría dejarte a ti, a mi madre y a los demás; pero esto es interesante. Solo desearía que vinieras a estar conmigo por un día.

Hay veces que vas allí pero no lo recuerdas. Todos han estado allí con él por la noche, y tú también, pero él cree que será muy difícil recordarlo. Si lo recordaran, dice (no lo sabe, pero le han dicho que es así), el cerebro no soportaría el peso de la doble existencia y se volvería incapaz de realizar las tareas diarias; por este motivo la memoria permanece bloqueada. Esa fue la explicación que le dieron.

Dice: Mi cuerpo es muy parecido al que tenía en la Tierra. A veces me pellizco para comprobar si es un cuerpo real, y veo que lo es; pero el pellizco no duele como en el cuerpo de carne. Los órganos internos no parecen estar construidos de la misma manera que el cuerpo de carne. Ellos no pueden ser completamente iguales. Pero en apariencia es lo mismo. Es solo que puedo moverme más libremente.

Oh, hay una cosa que aun no he visto: sangrar.

Conocí a un hombre que había perdido un brazo, pero había adquirido otro. Sí, ahora tiene ambos brazos. Apenas penetró en el astral parecía incompleto, sin miembro del cuerpo, pero permaneció y está completo. Me refiero a personas que perdieron extremidades hace muchos años.

Lodge – ¿Qué pasa con los miembros del cuerpo perdidos en batalla?

Feda – Oh, eso no importa, lucen perfectos cuando vienen aquí. Le dijeron (no lo sabe por sí misma, sino porque se lo dijeron) que cuando alguien es reducido a pedazos, el cuerpo espiritual necesita tiempo para completarse, para unificarse nuevamente. Se disipa cierta cantidad de sustancia indudablemente etérica, que es necesaria para volver a concentrar. El espíritu tiene claro que no se hace añicos, sino que se ve afectado por el destrozo del cuerpo. Ella no vio nada de esto, pero como le interesa, indagó y se enteró.

Hay hombres y mujeres aquí. No creo que se comporten entre sí como lo hacen en la Tierra, pero parecen tener los mismos sentimientos, aunque se expresan de diferentes maneras. No parece haber nacido ningún niño aquí. Las criaturas son enviadas al plano terrenal para tener hijos; no los tienen en este. El sentimiento de amor entre hombres y mujeres parece comportarse de manera diferente entre madre e hijo y entre padre e hija.

Dice que no necesita comer ahora. Pero ve gente que lo hace; dice que a estos se les da algo con apariencia de alimento terrenal. Las criaturas aquí intentan conseguir todo lo que necesitan. Un camarada llegó el otro día y quería un cigarro. Pensó que nunca podrían proporcionarle eso. Pero aquí hay laboratorios que fabrican todo tipo de cosas. No como se hace en la Tierra, con la materia sólida, sino con las esencias, los éteres, los gases. No es lo mismo que en el plano terrestre, pero hicieron algo que parecía un cigarro. Él (Raymond) no ha probado ninguno, porque no piensa en ello, ¿sabes? Pero el tipo se arrojó sobre el cigarro. Cuando empezó a fumarlo, rápidamente se cansó; tenía cuatro y ahora ni siquiera mira uno. Parece que ya no obtienen ningún placer con ello y poco a poco lo abandonan.

Tan pronto como llegan quieren cosas. Algunos quieren carne; otras bebidas fuertes; piden whisky y refrescos. No crean que exagero cuando digo que estas cosas se pueden fabricar aquí. Ha oído hablar de borrachos que quieren beber durante meses y años, pero no he visto ninguno. Los que he visto, dice, ya no quieren beber, como pasó con su ropa, que en las nuevas condiciones en las que se encuentra no necesita.

Lodge – Raymond, necesitas darme alguna prueba. ¿Cuáles crees que son los mejores? ¿Has hablado de esto con Myers, del tipo de evidencia más evidente?

Feda – No lo sé todavía. Me siento en una encrucijada: dar evidencia objetiva, como simples materializaciones de voz directa, de las que puedas dar fe; o dar información sobre mis experiencias aquí, algo como lo que estoy haciendo ahora, a través de la mesa o lo que sea. Pero no sé si puedo hacer ambas cosas juntas.

Lodge – Al mismo tiempo, probablemente no. Pero puedes decir más sobre tu vida allí.

Feda – Sí, y para eso estoy recopilando información. Quiero animar a las personas en este plano a afrontar la vida que tendrán que entrar y comprender que es una vida racional. Todo lo que he estado diciendo y le dije a Lionel, debes ponerlo en orden, porque estoy hablando fragmentariamente. Necesito estudiar cosas aquí. ¿Crees que es egoísta decir que no tengo ningún deseo de regresar a la Tierra? No dejaré esto aquí por nada. No crean que soy egoísta o que quiero permanecer separado de todos ustedes. Si todavía lo busco es porque lo siento muy cerca, más cerca que antes. Pero por nada de lo que me pudieran dar volvería.

(Feda) Difícilmente le diría eso a su madre. (Feda mira a su alrededor) ¿Está Alec ahí?

Lodge – No, pero espero que llegue.

Feda – Adviértale que no diga quién es. Realmente disfruté la primera vez que vino Lionel; pude hablar durante horas.

(Lodge mira su reloj).

Pude hablar durante horas – ¡no te vayas todavía!

(Feda) Dice que tuvo suerte cuando "pasó" porque aquí fueron muchos los que lo recibieron. Esto sucedió (se enteró) porque llevabas mucho tiempo involucrado en estos asuntos. Quiere que los lectores de sus libros sepan que todo se vuelve mucho más fácil para ellos y sus amigos si se enteran de esto antes del "fallecimiento", porque es horrible cuando "pasan" sin saberlo, y pasan semanas ignorando ese " paso", suponiendo que es un sueño, que están soñando. Y a veces nunca se dan cuenta.

Dice que cuando despertó de este lado sintió una pequeña depresión, que no duró mucho. Miró a su alrededor y se puso cómodo. Era como encontrarse en una ciudad extraña, en un lugar extraño rodeado de gente que nunca había visto o que no había visto en mucho tiempo. El abuelo llegó pronto. Y vino a él una mujer llamada Jane, lo cual sucedió como tu tía. Jane – Jennie. Él llama a su tía; le dijeron que era la "tía Jennie." ¿Es mi tía Jenny? Él pregunta.

Lodge – No, pero tu madre te trataba así.

Feda – Volvió a traer ese perro, hermoso perro. Un perro que hace esto (Feda imita los movimientos del perro). Tenía una bonita cola, no un muñón; una cola con un cabello hermoso. A veces se sienta así, se tumba y saca la lengua.

Tigres y leones que aun o ha visto; pero ve caballos, perros, gatos y pájaros. Dice que conoces a este perro. ¡Qué pelaje más bonito! Ondulado. Ahora está saltando por aquí. No tiene un hocico largo, pero no parece un "perro pug." Al contrario, es largo. Orejas caídas y peludas. Color oscuro, me parece.

Lodge – ¿Cómo se llama?

Feda – "Él no", dice Raymond. (en voz baja): ¿Qué quieres decir con "él, no"? Es un "él", sí.

No. Raymond no explica. No da nombre. El perro salta. (Todo esto se refiere a un perro llamado Curly, cuya muerte fue hace unos años especialmente mencionada por "Myers" a través de otro médium – un incidente reportado a S. P. R. Las referencias de Feda tienen razón.

(Continúa Feda): Es sorprendente la cantidad de personas que vienen a estrecharme la mano y a hablar conmigo. No los conozco desde Adán. Pero me siento muy honrado aquí. Algunos son bastante finos. No los conozco, pero todos parecen interesados en ti y dicen: "Oh, ¿eres su hijo? ¿Cómo está?"

Feda comienza a perder el control.

Lodge – Bueno, hasta luego, Raymond, y que Dios te bendiga.

Feda – Dios te bendiga. Solo quiero que sepas que estoy muy feliz. Y bendiga a todos. No puedo decirte lo que siento, pero puedes adivinarlo. Es difícil expresarlo con palabras. Dios los bendiga a todos. Adiós, padre.

Lodge – ¡Adiós, Raymond, adiós, Feda!

Feda tiembla y repite "Adiós. Extraño lo que te pertenece a ti y a Lionel. Feda sabe tu nombre, Sir Oliver, sí.

Las sesiones rara vez son de naturaleza probatoria y muchas personas no las graban; pero a veces lo mejor es grabarlas completas, como hice anteriormente, como ejemplo de lo que se puede llamar la "manera" de una sesión. Algo que parece especialmente absurdo en este capítulo tiene relación con el material del capítulo XX.

Observaciones sobre el asunto denunciado

Quizás me pregunten por qué escribo tantas conversaciones comunes, en lugar de abreviarlas o concentrarlas en hechos específicos. A esto responderé:

1 – Que una versión muy concentrada es difícil de leer, mientras que, a pesar de su extensión, la versión completa es menos tediosa. Una cuenta es siempre un pobre sustituto de la experiencia vivida; y demasiada concentración o abreviación puede destruir lo que es mejor para el interés humano.

2 – Que por su propia naturaleza la abreviatura implica adulteración; y no es aconsejable en estas materias refinar el estilo a expensas de la exactitud.

3 – Que los gestos y excentricidades del "control" (o segunda personalidad) son interesantes en sí mismos y pueden ser instructivos; y a los novicios les revelan lo que esperan.

4 – Que un gran número de investigadores quieran saber qué es realmente una sesión; ¿Qué temas hay en él tratados y lo que los comunicantes; es decir, las hipotéticas personalidades que envían mensajes a través del control, tienen que decir sobre sus sentimientos personales y su existencia? Por eso, sea cual sea la interpretación que pueda tener el informe, me parece mejor que aparezca íntegro.

5 – Sé que algunos de los informes pueden parecer absurdos. Especialmente aquellas que hablan de la situación del "otro lado", afirmaciones que no son ni probatorias ni verificables, y que por eso estamos tentados a suprimirlas o impedir que aparezcan. En otras partes de este libro doy mis razones para proceder de otra manera, escribiéndolas a medida que surgen. Y aunque admito que sería indiscreto publicarlos, también admito que la evidencia exige que no se oculte nada. Es mi deber citar no solo los mensajes que contribuyen a establecer convicciones sobre la supervivencia sino también las conversaciones sobre la situación de este "otro lado", a pesar de las reticencias que debemos mantener ante lo extraño e inverificable.

En otra parte dejo claro que todavía no hemos tenido el privilegio de entrar en perfecto contacto con la personalidad del muerto. La vemos a través de un cristal empañado, no cara a cara. Pero incluso a través de la turbidez de este medio podemos vislumbrar destellos que nos permiten aceptar la supervivencia de la personalidad. Además, para revelar, en su fuerza o en su debilidad, la evidencia, me parece más leal presentar ejemplos de todo lo que nos llega por canales insospechados; y no suprimir nada simplemente porque pueda desencadenar críticas opuestas, ni añadir contribuciones fortuitas en apoyo de un caso de valor.

6 – La clase de relaciones más evidente – la información sobre cosas que no sabemos y también lo que yo llamo "correspondencia cruzada"–, no constituye un elemento que deba

dejarse de lado. Y si suelen ocurrir, de forma natural y espontánea, de vez en cuando, suelo hacer un esfuerzo para obtenerlas.

Nota global

Volviendo a los relatos familiares que he incluido aquí, en los que la evidencia es más esporádica que sistemática, observo ciertos pequeños detalles de gran interés, como, por ejemplo, la forma en que los jóvenes tratan a los mayores. Entonces, mientras Paul llama a su padre "papá" y le da a su madre nombres cariñosos, como lo hizo en vida, Raymond simplemente dice "padre" y "madre", que es como nos trató en la Tierra. Un joven atlético llamado Ralph, muerto en la guerra, saludó a su padre, cuando lo vio presente en una sesión, con un extraordinario "¡Ullo Erb!", dicho letra por letra a través de la mesita. La facilidad y libertad con la que Ralph se comunicaba eran extraordinarias y estuve tentado de escribir algo sobre él en un apéndice. Si cambié de opinión fue porque se trataba de un tema sin relación con el tema de este libro, que es Raymond.

Capítulo XIV La primera sesión de Alec con la señora Leonard.

El 21 de diciembre, Alec tuvo su primera sesión con la señora Leonard, no anónima como la logró Lionel; el médium ya lo conocía. Durante esta sesión se reveló algo más que era incomprobable, pero que, absurdo o no, prefiero no suprimir.

Las notas tomadas dicen así:

(El médium sabe que soy hijo de Sir Lodge).

Habitación del frente; cortinas bajadas; pequeña lámpara roja; nadie más presente. La señora Leonard me saluda: "Sr. ¿Presentar?" Luego comience a frotarse las manos vigorosamente.

Feda – ¡Buenos días! Es Feda.

Raymond está aquí y le gustaría A y B. (en voz baja) ¿Qué quieres decir con A y B? (ver nota A). Él dice: ¡Tenía tantas ganas que me vieras! Estoy tan feliz, sabes que estoy feliz.

(Feda) Se esfuerza por tener contacto contigo en casa y siente que cada vez está más cerca y es más hábil en comprender las condiciones que permiten la comunicación. Piensa que pronto podrás hacer pruebas reales en casa. Sabe que estás progresando, pero no satisfactoriamente. Estás lejos y estás luchando.

Feda (en voz baja) – ¡Eso es lo que hacen los peces! Dice que se siente genial. Imposible sentirse mejor.

He estado esperando aquí; sabía que vendrías, pero no estaba seguro que fuera hoy (el tren llegó media hora tarde). ¿Escuchaste lo que dijo sobre dónde está?

Alec – Sí, pero me resulta difícil de entender.

Feda – Dice: Es un lugar tan sólido que todavía no superé los obstáculos. Admirablemente real.

Le habló a su padre de un río; el mar aun no lo ha visto. Encontró agua, pero no sabe si encontrará el mar. Cada día hace nuevos descubrimientos. Muchas cosas son nuevas, pero no para quienes viven aquí desde hace algún tiempo.

Entró en una biblioteca con su abuelo, el abuelo William, y también con alguien llamado Richard, y dice que los libros son los mismos que lees.

Ahora bien, algo extraordinario: allí hay obras que aun no han sido publicadas en el plano terrenal. Le han informado – solo le han informado, no lo sabe por sí mismo –, que estos libros aparecerán algún día, libros como los que ya han aparecido; y que la materia de estos libros quedará impresa en el cerebro de algún hombre que se convertirá en su autor.

Dice que no todos en este plano pueden leer estos libros; puede arruinarlos: estos libros son inéditos. Tu padre escribirá uno (no en el que está trabajando ahora), uno nuevo.

Es muy difícil superar los obstáculos. Quiere que sepas lo contento que está que hayas venido. Hay cientos de cosas en las que pensar.

Trajo a Lily y William, el joven...

Feda (en voz baja) – No sé si es así, pero parece que tiene dos hermanos.

(Los dos hermanos y una hermana de Raymond murieron en la primera infancia. Normalmente apenas sabría esto).

Alec – Dile a Raymond que estoy seguro que de vez en cuando capta cosas, pero en mi opinión nos llega alterado, tal vez afectado por los asistentes. Me parece que muchas de estas personas escuchan lo que quieren oír.

Feda – Raymond responde: "¡Ojalá fuera así!" Pero en cierto modo tienes razón. Nunca llega a decir lo que quiere. A veces es una palabra que aparece sin conexión. Muchas veces las palabras no salen de su mente; no hay rastro de ella en su mente. Por eso, Raymond dice que sería bueno intentar tener algo más definido en casa. Cuando te sientas en la mesa pequeña, tienes la certeza que lo que quieres decir está influenciado por alguno de tus asistentes. Algunos quieren ayudarte; otros empiezan a imaginar la palabra que debería venir. A veces él empieza una palabra y otro la termina.

Le preguntó a su padre si podía venir sin decir quién era. Crees que sería más divertido así.

Alec - Pregúntale si recuerda algo de lo que solíamos hablar entre nosotros.

Feda - Sí. ¡Dice que hablaban de coches! (en voz baja) ¿Qué quieres decir? ¡Todo el mundo habla de coches!

(En voz alta) Y cantaron. Tenía la intención de cantar. Pero no cantó himnos. Los jueves por la noche tenía que cantar himnos, pero no me gustaba.

Alec - ¿Qué te gustaba cantar?

Feda - Hola-Hullalo - cualquier cosa como Hullulu-Hullulo.

Algo así como "Hottentote" - pero está descendiendo mucho (ver nota en el Apéndice).

(En voz baja) ¿La mujer de la naranja? (en voz alta) Dice algo sobre una dama naranja. (en voz baja) ¿No eres un vendedor de naranjas? (en voz alta) No, definitivamente no. Dice de una canción que ensalzaba las virtudes y bellezas de una dama naranja (esto evidentemente se refiere a la canción Mi Chica Naranja y es excelente. Fue la última canción que compró Raymond).

Es una canción alegre que empieza con "Ma" - pero Feda no puede soportarlo más -, suena como nombres de personas. También cualquier cosa sobre "Irish Eyes" (ver nota B).

(En voz baja) ¿Son realmente canciones?

(Aquí no se mencionan varios incidentes sin importancia). Dice que el cumpleaños de alguien es en enero.

Alec - Así es.

Feda (en voz baja) – ¿Qué es un "beano"? ¿El cumpleaños de quién?

No quiere decir cuál es su cumpleaños. Él simplemente dice que lo sabe (a él, Alec).

(Nota: el cumpleaños de Raymond fue el 25 de enero. Más cosas de familia).

Feda – Sí, dice que se va a alejar, que se le están acabando las fuerzas.

Saludos a todos. Pero antes de irme: nunca te arrepientas de mi partida. Hay más que hacer aquí que en el plano terrenal. Solo me queda esperar, y ponerme en contacto con cada uno de ustedes que me están buscando. Él se va. Dice "Willie" – el joven Willie (el hermano fallecido).

Feda (en voz baja) – Sí, ¿qué? ¿Inclinaciones? Oh, estás bromeando.

Dice: No Willie con inclinaciones débiles, eso es todo. Adiós y sé feliz.

(Nota: Esta frase es característica de Raymond).

Se ha ido, sí.

¿Quieres contarle algo a Feda?

Alec – Quiero agradecerte lo mucho que nos ayudas.

Los mensajes a veces son difíciles, pero lo importante es que transmitas solo lo que escuchas, y nada más, sea comprensible o no.

Feda – Feda entiende. Feda solo reproduce lo que escucha, aunque sea en holandés. No olviden mis saludos para todos.

Alec – Adiós, Feda (apretones de manos).

El médium vuelve a la conciencia en dos o tres minutos.(Firmado) Alec Lodge.

(Todo fue escrito la misma noche, en parte de camino a casa, en parte allí, sin que yo haya estado en contacto con nadie).

Observaciones de Oliver Lodge

Esta sesión me parece buena; contiene algunas observaciones características y lo que se ha dicho sobre las canciones es genial. Agregaré algunas notas aclaratorias.

Nota A

La "A" y la "B" se refieren claramente a los hermanos de Raymond, Alec y Brodie; y era natural vincularlos, ya que constituían la firma Lodge Brothers (ahora Lodge Plugs, Ltd.) en la que Raymond trabajaba y esperaba unirse como socio. Hay todavía otra conexión, correlacionada con los estudios preparatorios de aritmética y álgebra en los que surgieron problemas como éste: "A" compra tantas docenas a tal precio y "B" las compra a otro precio; el problema consistía en comparar ganancias. O: "A" hace un trabajo en otros tantos días y "B" hace otra cosa; etc. Alec admite que en la mención de "A" y "B" puede haber alguna referencia a esto.

Nota B

Lo más obvio de esta sesión fue la referencia a una canción llamada *Mi chica naranja*. Si el nombre de la canción se diera inmediatamente, sería bueno, pero no tan bueno como en la forma presentada, ya que una canción popular tiene un nombre muy extendido. La manera especial en que se refirió a esta canción, a la perplejidad de Feda con la mujer de las naranjas, y haciéndole creer que era una vendedora de naranjas, está en el carácter de Raymond – especialmente en la frase sobre "exaltarle las virtudes y la belleza", que no encaja en el manierismo de Feda, sino más bien en el de Raymond. También lo hace "Willie de inclinaciones débiles."

La canción *Irish Eyes* también me parece una buena cita. Era una canción reciente que cantó varias veces.

Y hay otra descrita por Feda: "Una canción divertida que empieza con "Ma." Pero Feda no pudo ver nada más, nada parecido al nombre de alguien."

Las letras M y A se pronunciaban por separado, no como una sílaba. Y en mi opinión provienen de una canción negra llamada "Ma Honey" – y a la que hay que vincular la palabra anterior "Hottentot." Sin embargo, en una sesión posterior en Mariemont, le preguntaron a Raymond al respecto y enunció claramente el nombre "Maggie", título de una canción desconocida para los presentes, excepto Norah, que estaba en la sala, aunque no en la mesa y recordó una de las últimas canciones de Raymond, "Maggie Magge" (consulte el apéndice a continuación).

Apéndice

(Dictado por O. L. el 12 de abril de 1916)

Anoche la gente en casa estaba cantando y surgió una canción a la que obviamente se hace referencia en la sesión de Alec con la Sra. Leonard, celebrada hace cuatro meses, antes que se mencionara el nombre de *Mi chica naranja*.

Esta referencia a una canción casi desconocida nos parecía enigmática; pero en la memoria de Alec había uno con la palabra "Honolulu", de la cual las palabras "Hululu" y "Hottentot" podrían ser impresiones residuales. Sin embargo, no se conocía ninguna canción que lleva el nombre de Honolulu. Resulta; sin embargo, que entre los papeles de Raymond se descubrió una canción (ahora el 11 de abril de 1916) marcada a lápiz: "R. L. 3.3.4"; es decir, el 3 de marzo de 1904, lo que explica la frase "bajando un largo camino", pues en realidad tenía entonces 15 años. El nombre de la canción es *My Southern Maid*; y aunque en la parte impresa no aparece la palabra Honolulu, hay un cambio muy significativo, con la letra de Raymond, escrita a lápiz:

Cualquier flor, desde un tulipán hasta una rosa,

Si usted será la Sra. John James Brown de la ciudad de Hon-o–lu–la–lu–la.

Antes que se cantaran estos versos esa noche, nadie recordaba *My Southern Maid* y no parecía haber ninguna asociación posible con la palabra Honolulu, ni nada por el estilo. La asociación solo se revela al final, con el descubrimiento de la adición realizada a lápiz por la mano de Raymond.

Alec llama la atención sobre el hecho que, en la respuesta a su pregunta sobre canciones, no se mencionó ninguna que no formara parte del repertorio de Raymond; y también por el hecho que los mencionados no fueron los esperados. Si en este momento Alec hubiera pensado en estas canciones lo habría hecho basándome en sus nombres tan conocidos, como *Mi chica naranja* y *My Southern Maid*, si no me hubiera olvidado por completo de esta última.

(Una referencia a este episodio se produjo meses después, como se relata en el capítulo XVIII).

Capítulo XV Sesiones en Mariemont

Hemos visto en varias ocasiones que Raymond expresó su deseo de unirse al círculo familiar, como también hemos visto que Honor – la H. de comunicaciones – estaba en condiciones de ayudarlo. Raymond intentó acercarse a este tipo ante médiums en Londres, incluso dando instrucciones sobre cómo proceder.

Finalmente empezaron a aparecer mensajes y la comunicación familiar, sin la ayuda de médiums, se fue haciendo poco a poco más fácil.

La anotación fue hecha con cuidado, y si no lo dejo todo aquí es porque no tengo todo el material recopilado como evidencia. Digo; sin embargo, que fue impresionante la naturalidad de todo y las bromas que surgían cada vez que llegaba algún novato a las sesiones. Algunos incidentes; sin embargo, tuvieron carácter probatorio y me referiré a ellos.

A veces la mesa se mostraba turbulenta y había que calmarla. Incluso los floreros y la propia mesa estaban rotos. Raymond dio una explicación de esto a través de los médiums de Londres, diciendo que no siempre era capaz de controlar la mesa y que había muchas travesuras (no de nuestro lado) que intentaba evitar; pero que ciertas demostraciones mecánicas, completamente fuera del alcance normal de los asistentes, le interesaban mucho; y que quería repetirlos para mi lección.

Decidí no abordar en este trabajo fenómenos puramente físicos, que requieren un estudio más profundo. Pero diré que los movimientos observados no solo eran inteligentes, sino imposibles de realizar normalmente por los asistentes.

Una sesión familiar es muy diferente a las realizadas con un profesional o cualquier médium externo. La información sobre cosas hogareñas surge libremente; y el tono general pasa a ser el de una conversación íntima, porque en realidad no hay nadie que no sea de la casa.

En cualquier tipo de sesión la conversación es mayoritariamente unilateral, pero mientras en los médiums es el comunicador quien habla casi todo el tiempo, en el círculo familiar las cosas varían; el control solo toma la palabra ocasionalmente; la actividad principal se centra en la afirmación y la negación: un espectáculo silencioso.

Me resistí a publicar una muestra de estas conversaciones familiares, pero terminé considerándolas convenientes. El día de Navidad de 1915 hubo una sesión larga, muy jovial y amistosa en Mariemont, intercalada con viejas canciones que Raymond pareció acoger con satisfacción; pero solo daré fragmentos.

En aquella época, la mesita utilizada era una mesa de ajedrez de tres patas. Después que esta pequeña mesa se rompiera en un momento de excitación, al igual que la siguiente, se adoptó una más resistente y de cuatro patas, utilizada exclusivamente para este fin.

Sesión en Mariemont, 17 de abril de 1916, anotada por Lady Lodge

Hicieron música en la sala de estar. Alec y las chicas cantaron al piano. Woodie, Honor y yo estábamos sentados en el otro extremo de la habitación; Lionel, en el sillón grande.

Era un día de reunión de la Sociedad Shakespeareana, cuyos miembros en ese momento estaban tomando un café en el comedor con mi marido. Woodie intuyó que Raymond estaba en la habitación y quería oírlos cantar, pero Honor parecía pensar que ya era demasiado tarde para pasar a la mesa pequeña, ya que teníamos que pasar inmediatamente al comedor.

Sin embargo, acerqué la mesa al piano e hice que Honor la ocupara; tan pronto como apoyó sus manos, la pequeña mesa tembló. Yo también puse mis manos.

Preguntamos si Raymond estaba presente y si había estado esperando; la respuesta fue:

– Sí.

La mesita parecía desear la música y marcar el ritmo. Después de cantar la canción favorita de Raymond, ella aplaudió muy clara y vigorosamente.

Lionel vino a sentarse con nosotros, creo que a petición de Raymond. La mesa parecía decidida a presionarse contra el piano, aunque pensamos que lo mejor sería alejarla, cosa que hicimos. Pero él insistió en eso y al compás de la música fue a golpear a Barbie, que estaba al piano. Alec tomó una almohada de satén negro y la colocó como cojín. La mesa insistió en golpear e hizo un pequeño agujero en el cojín.

Luego se dio la vuelta para alejarse de la alfombra; y allí, durante uno o dos minutos, cayó al suelo. Parecía palpar con uno de sus pies (tenía tres).

Deslizándose hacia un rincón de la habitación, colocó uno de sus pies en el borde del zócalo, a unas 6 pulgadas del suelo; luego levantó a los otros dos en el aire a la misma altura; lo repitió muchas veces, como encantada con el nuevo juego.

Luego se acostó en el suelo; Cuando se le preguntó si quería que lo levantáramos, la respuesta fue un No, golpeando el piso. Intentó varias veces levantarse por sí sola, pero sin encontrar fuerzas para hacerlo. Incluso subió un pie y medio. Cuando se le preguntó nuevamente si quería que la dejáramos plantada, respondió nuevamente: No.

Lionel dijo:

Lionel – Bueno, Pat, mi mano está muy incómoda; ¿no crees que será mejor si limpiamos la mesa?

Se oyeron tres golpes, señal de Sí.

Y levantamos la mesa. Entonces dije:

Lady Lodge – Raymond, quiero proponerte una pregunta de prueba: ¿En qué esfera vives?

(Pregunté porque a través de la Sra. Leonard, otros habían dicho que estaban viviendo en la tercera esfera, llamada "Summerland", y pensé que todo estaba en la cabeza del médium. No me gustan mucho los mensajes que hablan de "esferas"; no sé si significa algo, supongo que "esfera" significa condición, o estado de desarrollo).

Consultamos la tabla y la respuesta llegó de inmediato:

– Casa de verano.

Después de la segunda R preguntamos si había habido algún error; y nos hicimos la misma pregunta cuando en lugar de la esperada A (en la palabra Summerland) apareció una O.

La respuesta fue que tenía razón.

La sesión continuó, aunque dejé de seguirla porque estaba convencida que había un error.

Pero mi sorpresa fue grande cuando el anotador leyó lo que había escrito; es decir, Verano, R. Lodge, Raymond había puesto su firma en la palabra Verano, para mostrar, supongo que la declaración era suya y no procedía de Feda, como imaginábamos.

(Lorna dice que la impresión que tuvieron fue que Raymond sabía que esperaban una cosa y se divirtió pensando en otra. Todos disfrutaron la broma y la mesita se estremeció de risa).

Advertencia

Creo conveniente dar a quienes se consideran con fuertes poderes propios el consejo de moderar su uso. Todo lo que es poder está sujeto a abuso e incluso la simple facultad de escribir automáticamente puede, con las mejores intenciones, ser mal aplicada. El autocontrol es más importante que cualquier otra forma de control, y quien tenga la capacidad de recibir comunicaciones debe mantener el control de la situación. Alejarnos del propio discernimiento y permanecer dependientes de ayudas accidentales constituye un error grave, susceptible de consecuencias desastrosas. La moderación y el sentido común se vuelven esenciales para quienes buscan utilizar fuerzas que no saben, ni nadie sabe con certeza, cuáles son. La absorción en un empleo en el mundo constituye la mejor salvaguardia.

Capítulo XVI Más material inverificable

En otras sesiones aparecieron varios amigos muertos, traídos de la mano de Raymond, constituyendo pruebas notables, tanto para nosotros como para otras personas – en algunos casos a los padres, en otros a las viudas. Publicamos algo de lo sucedido a continuación.

Pero antes quiero citar el relato de la extraña e impresionante sesión de espiritismo de Lady Lodge con la señora Leonard, que tuvo lugar el 4 de febrero de 1916. Debo decir que hubo desacuerdo en cuanto a si este relato debía publicarse, y yo mismo asumí la responsabilidad de decidirme por él.

Sesión de Lady Lodge con la Sra. Leonard en su casa, 4 de febrero de 1916

Feda – ¡Oh, es la señorita Olive!

Lady Lodge – ¡Encantada de encontrarte, Feda!

Feda: Feda te quiere a ti y a Sir Oliver más que a nadie. También quiere mucho a Lionel y Alec. Raymond está aquí. Ha estado yendo de psíquico en psíquico con Paulie, tratando de poner a los chicos pobres en contacto con sus madres. Algunos sienten mucha envidia de quienes lo han conseguido. Intentan llegar a sus madres y no pueden: están encerradas. Verlos me hace llorar. La explicación es que sus madres y padres no saben nada de comunicaciones.

Raymond cuenta de una época en la que subió a una esfera muy elevada, la más celestial posible. Su hermana, dice, no pudo decirle dónde estaba. (Refiriéndose a Lily, probablemente). Dice que William también llegó muy lejos, pero no tanto como para desconectarse de él. (William, hermano de Raymond).

Aquellos que aman a una persona no llegan a un punto en el que no puedan regresar con esa persona, donde esté demasiado lejos para comunicarse y donde no puedan ir a encontrarse con ella cuando pase.

Lady Lodge – Esto es reconfortante, querida. No quiero que llegues tarde.

Feda – Aquí gravitamos hacia los seres queridos. A los que no queremos, si nos los encontramos por la calle, ni siquiera les decimos "¿cómo estás?"

Lady Lodge – ¿Hay calles entonces?

Feda – Sí. A Raymond le gustaba ver calles y casas.

Hubo un tiempo en que pensé que podrían ser creaciones de nuestros pensamientos. Todos gravitan hacia un lugar que les conviene.

– Mamá, no hay juez ni tribunal, solo gravitación.

He visto llegar jóvenes llenos de malas ideas y vicios. Van a un lugar al que yo no quiero ir, pero no es exactamente el infierno. Más bien un reformatorio. Lugar donde se les brinda la oportunidad de mejora; Cuando quieres algo mejor, tienes la oportunidad de lograrlo. Gravitan juntos, pero se aburren tanto... Aprende a ayudarse a sí mismo e inmediatamente será ayudado. Muy similar a tu mundo allí; solo que no hay deslealtad ni injusticia; un derecho común actúa para todos y cada uno.

Lady Lodge – ¿Son todos iguales?

Feda – La jerarquía no es una virtud. La alta jerarquía proviene de una vida virtuosa. Aquellos que han sido virtuosos tienen que pasar por los escalones más bajos para poder comprender las cosas. Y van primero al astral, durante algún tiempo.

Raymond no recuerda haber estado en el astral. Ahora está en la tercera esfera. *Summerland*: Patria, dicen algunos. Es un ambiente muy feliz. Los más altos vienen a visitarlos y es un lugar muy cercano a la Tierra para que haya contacto con los de la Tierra. Él cree que tienes lo mejor aquí.

- Mamá, el otro día fui a un lugar maravilloso.

Lady Lodge – ¿Dónde está?

Feda – ¡Dios lo sabe!

Se me permitió ver lo que sucede en la Esfera Suprema. Comúnmente son los espíritus elevados los que vienen a nosotros. ¡Oh, desearía poder decirte cómo se ve eso!

(Hasta que el hecho de la supervivencia no sea completamente común, considero inadecuado relatar experiencias que puedan provenir de la imaginación, en un libro como este, restringido a la recopilación de evidencias. Por este motivo suprimo la descripción dada por Feda. Pero me siento obligado a citar la parte que se refiere a sus sentimientos, porque de lo contrario el cuadro parecería incompleto, unilateral y frívolo).

Me siento exaltado, purificado, elevado. Me arrodillo. No podía levantarme, quería arrodillarme. Mamá, vibro de pies a cabeza. Él no se acerca a mí y no siento la necesidad de acercarme a él. No siento que debería hacerlo. La voz era como una campana. No puedo decir sobre la ropa. Todo parecía ser una mezcla de colores brillantes.

¿Te imaginas lo que sentí cuando colocó sobre mí esos hermosos rayos? No sé qué hice para merecer una experiencia tan maravillosa. Nunca lo imaginé posible, ni en siglos, siglos y siglos. Nadie puede imaginar lo que sentí, ni yo puedo explicarlo.

¿Me entenderás?

Sé que mamá y papá me entenderán, pero quería que otros lo experimentaran. No puedo reducirlo a palabras. No puedo moverme, deben llevarme a *Summerland*; no sé qué me pasó. ¡Si pudieras desmayarte de placer! ¿No son hermosas palabras?

Pregunté si Cristo será visto por todos y me respondieron: "No como lo visteis." Me dijeron que Jesús está siempre en la Tierra, una especie de proyección, algo así como esos rayos, algo de él en cada uno.

Creen que es un espíritu que reside en un lugar determinado. Cristo está en todas partes, no como personalidad. Hay un Cristo y Él vive en el plano más elevado, y ahí es donde se me permitió verlo.

Se me dio más en este hermoso mensaje; no puedo recordarlo todo. Dijo todo, palabra por palabra, de lo que te transmití. De esto se ve que tengo una misión que cumplir en el plano terrenal...

¡Debo decirles que estoy feliz que este sea mi trabajo, designado por la máxima autoridad de todas!

    Lady Lodge – ¡Si tan solo fuéramos dignos!

    Feda – Ambos están haciendo todo lo que pueden.

    Lady Lodge – Floreceré en el amor más que hasta ahora.

    Feda – Aprendí que hay que hacer una distinción. El que no tenga afinidad, que se vaya; estar con los que te gustan.

Mamá, ¿pensarán que me estoy engañando o que me lo estoy inventando? ¡Es tan admirable! ¿Pueden entender que es Raymond quien habla? Este no es un sermón religioso.

Lo atesoré para dártelo esta noche. Lo amplié porque no sabía si podría expresarlo con las palabras exactas que me hagan sentir lo que sentí. ¡No pedí trabajo solo para permanecer cerca del plano terrestre! Las cosas saldrían bien. ¡Pero piensa que me dieron el trabajo por el que estaba ardiendo!

    Lady Lodge: ¿Estás más cerca?

    Feda – ¡Mucho más! ¡Hermoso pensar! Honestamente ahora puedo permanecer cerca del plano terrestre. En lugar de ir poco a poco, como prometió Feda, puedo dar un salto. Y cuando vengan, madre y padre, la madre estará de un lado y el padre del otro. Permaneceremos en *Summerland* un tiempo hasta que nos adaptemos a las condiciones. Nos veremos. Hermanos y hermanas. No puedo expresar lo satisfecho que me siento; "satisfecho" es una mala palabra."

    Lady Lodge – ¿Sobre qué, querido?

Feda – Para estar muy cerca del plano en el que vives. Estoy acostumbrado a las condiciones aquí, pero me sentí tímido cuando fui llevado a Su presencia. Como podemos...

Quería, en unos segundos, poder pensar en cualquier cosa: que había llevado una de las vidas más puras imaginables. Si hubiera hecho algo, se habría levantado como una montaña. No tuve tiempo de pensar, pero lo sentí en unos segundos...

De vuelta en *Summerland* vi que estaba cargado de algo: un poder maravilloso. Como si pudiera detener ríos, mover montañas – ¡y con tanta alegría!

Él dice: No intentaré agradar a las personas que no son amigables contigo, porque es una pérdida de tiempo. Mantén el amor para quien lo necesita, no lo desperdicies en quien no lo necesita. Será lo mismo que dar comida cuando hay gente hambrienta alrededor.

Sepa que de alguna manera siento un cambio en mis ideas. Me siento con una entonación más natural en condiciones muy alejadas del plano terrenal; sin embargo, me gusta salir con Paul y divertirme.

Después de mi admirable experiencia pregunté si no era una tontería divertirse y salir con alguien. Me respondieron que si tenemos trabajo que hacer en la Tierra no solo debemos ver el lado oscuro sino también el lado luminoso: Sol y sombra. Hay lugares en mi esfera donde pueden escuchar música hermosa cuando quieran. Aquí no a todo el mundo le importa la música; no es obligatorio.

Le gusta la música y el canto, pero no le gusta vivir siempre inmerso en la música; puedes ir a escucharla cuando quieras y te gusta la música más que antes.

El señor Myers estaba muy contento. Dice que no siempre es el sacerdote el que llega más arriba. Lo que cuenta no es lo que profesas, sino lo que haces. Si no has creído en la vida después de la muerte, pero has vivido una vida honesta, no te pedirán nada más. Así de sencillo y pocos lo hacen. Por este lado, esperamos que dentro de unos años las condiciones en la Tierra marquen una gran diferencia.

En incontables cinco años querrán saber cómo es la vida en el Más Allá y cómo pueden vivir en la Tierra para poder tener una vida feliz después de eso. Y, por si acaso, mejorarán sus vidas. Pero no importa cuánto sepas, las personas importantes seguirán siendo las mismas.

Algunos me preguntan si me importa el cuerpo que dejé atrás. Respondo que no pienso en eso; no tengo ningún interés en mi viejo cuerpo. Es como ropa que ya está fuera de uso: alguien más puede usarla. No quiero flores en mi cuerpo. Las quiero en casa... en la casa de Raymond.

Las fuerzas se están acabando. Buenas noches.

Lady Lodge – ¿Duermes ahí?

Feda – Nos quedamos dormidos.

Lady Lodge – ¿Y llueve?

Feda – La lluvia no estorba.

Lady Lodge – ¿Sabes que tu padre está recopilando todas las sesiones en un libro?

Feda – Será interesante observar cómo cambio a medida que pasa el tiempo.

Nota de O.L.

Debo recordar que todo esto, aunque dicho en primera persona, realmente llega a través de Feda; y aunque el estilo y la gramática de Feda han mejorado, se deben hacer las debidas concesiones.

Capítulo XVII Dos sesiones algo evidentes

En la mañana del 3 de marzo tuve una sesión en casa de la señora Kennedy con la señora Cregg, una anciana cuya peculiaridad es que permite el control directo del comunicador mucho más fácilmente que lo habitual con los médiums.

Dos o tres veces la señora Kennedy había recibido en su casa a la señora Cregg, y Paul, su hijo, pudo ver que él la controlaba con suma facilidad, hablando a través de sus órganos vocales, aunque espasmódicos e irregulares. Y la señora Kennedy tuvo la amabilidad de concertar una sesión conmigo.

Esta sesión comenzó con una claridad repentina, completamente inesperada. Fue excelente y digno de mención, sobre todo por la referencia que se le hizo en la tarde de ese mismo día, por otro médium; la intercorrespondencia quedó así excepcionalmente clara.

La sesión anónima de O. L. con la Sra. Cregg

A las 11:15 del viernes 3 de marzo de 1916, llegué a la casa de la señora Kennedy y charlé con ella hasta que apareció la señora Cregg a las 11:30.

La señora Cregg entró en la habitación, habló con la señora Kennedy y le dijo: "Oh, ¿es este el caballero al que tengo que atender? Le dieron un asiento junto al fuego y el dueño de la casa le dijo que descansara un momento de su viaje en el autobús. Sin embargo, tan pronto como se sentó, advirtió: "Esta sala está llena de gente y ¡oh, qué ganas tiene alguien de hablar! Le oigo decir: "Sir Oliver Lodge." ¿Conoces a alguien con ese nombre?

Le respondí que sí, que lo sabía.

La señora Kennedy se levantó para atenuar la luz; la señora Cregg prosiguió: "¿Quién es Raymond, Raymond, Raymond? Él está parado a mi lado."

Evidentemente ella estaba entrando en trance, así que alejamos nuestros asientos de la chimenea y nos preparamos.

Durante algún tiempo; sin embargo, no ocurrió nada, excepto las contorsiones que la sacudían, en su lucha por encontrar una voz; la señora Cregg se frotó la espalda, como si le molestara algún dolor, y respiró con esfuerzo.

La señora Kennedy intentó ayudarla con la transmisión de fuerza. Se arrodilló a su lado y la acarició. Esperé.

Sus primeras palabras fueron: "¡Ayúdame! ¿Dónde está el doctor?"

Después de algún tiempo, y gracias a la ayuda de la señora Kennedy, pareció establecerse el control; y las palabras: "Qué alegría, padre; tan feliz" se repitieron varias veces, en un tono confuso y silencioso, seguido de: "Mi amor para todos."

Mientras Raymond hablaba así a intervalos, la médium se movía de un lado a otro, con los brazos colgando y la cabeza colgando, o echada hacia atrás, en actitud de lisiado o herido. De vez en cuando parecía hacer un esfuerzo por controlarse, y una o dos veces juntaba las piernas y se mantenía firme, con los brazos más o menos cruzados. La mayor parte del tiempo oscilaba de un lado a otro.

✱ ✱ ✱

La tarde de ese mismo día fui a la casa de la señora Leonard, con quien tuve una sesión realmente notable por revelar lo que le había sucedido a la señora Cregg. Este hecho merece mucha atención.

Viernes por la tarde, 3 de marzo de 1916.

Feda – Feda dice que Raymond estaba en la casa de la madre de Paul, tratando de controlar a una vieja médium, nueva para él. Intentó hablar a través de este médium, pero no pudo hacerlo.[6] Paul lo ayudó lo mejor que pudo, dice, pero las cosas eran difíciles. Dice que se esforzó mucho, pero no se sentía dueño de sí mismo. Es terriblemente incómodo intentar controlar a alguien. Lo intentó con todas sus fuerzas y casi lo consiguió. Ah, dice, lo intentará de nuevo, no abandonará la tarea. Sabes, papá, puedo ser cualquiera. ¿Crees que en este camino lograré una práctica perfecta?

O. L. – Sí. Creo que con la práctica todo será más fácil.

Feda – Oh, entonces practicará decenas de veces, si es por el bien.

O. L. – ¿Le gusta la señora?

Feda – Sí, es muy buen tipo.

O. L. – ¿Quién estaba allí en la sesión?

(Esta pregunta indica que yo no había mostrado ningún signo de consentimiento a lo que Raymond había dicho; es decir, que había estado esa mañana tratando de controlar un nuevo médium. Quería que lo que dijera no estuviera influenciado por mí).

Feda – Raymond no está seguro porque no pudo cumplir con todas las condiciones; actuó como si estuviera envuelto en una niebla. De lo que se dio cuenta fue que se había peleado con la señora, quien no sabía quién era. Tenía algo que decir y trató de decirlo, pero no parecía saber dónde estaba.

¿Por qué estaba luchando, papá? No quería producir eso, y el hecho me molestaba: me parecía que la estaba haciendo sufrir. ¡Paul me dijo que ella no se oponía a que yo actuara así! Pero quería que no luchara. Si ella se quedara quieta y me dejara actuar con calma, todo sería fácil. La señora Kathie (el nombre que Feda le da a la señora

---

[6] Esto demuestra un conocimiento positivo de la sesión que tuve con la Sra. Cregg esta mañana. (Feda habla a veces en tercera persona, a veces en primera, de forma mixta).

Kennedy) intenta ayudar todo lo que puede, pero está hecha un lío. Era posible que no pudiera realizar una prueba completa, incluso si lo controlara mejor.

(Feda continúa) Él y Paulie solían burlarse de la anciana, pero ahora ya no lo hacen. Paul sabe cómo controlarla y Raymond lo vio hacerlo. Lo intentará de nuevo, dice Raymond. Vale la pena intentarlo varias veces; y una vez que esté a salvo siento que podré decir lo que quiera.

Feda cree que lo que tenía que decir eran mensajes como los de siempre. Los tenía listos en su cabeza; ya compuestos, solo unas pocas palabras. Paul le había enseñado que eso es lo mejor: componerlos y luego publicarlos. Y eso es lo que intentó hacer: simplemente decir algunas palabras que había preparado; es decir, lo feliz que estaba de verte. También quería hablarte de tu madre, y contarte si pudiera, de haber hablado contigo a través de Feda. Cosas simples como esa. Tenía que pensar en cosas simples porque Paul le había advertido que no intentara nada.

No lo vio claramente, pero lo sintió. Tenía la idea que estabas allí, y también la señora Kathie, pero no estaba segura; todo está muy nublado. La pobre señora Kathie hizo lo que pudo.

Él dice: "No cambies las condiciones en caso que lo vuelvas a intentar." Es solo eso.

(Esto constituye una excelente referencia a los acontecimientos que ocurrieron con la señora Cregg en la mañana. Todo está perfectamente representado. Y es lo mejor conseguido en esta sesión, aunque todavía quedan otras. Pero sigamos):

Feda – Recogió unas rosas rojas para su madre y quiere que se lo digas. Los recogió en el mundo de los espíritus. "No se materializarán, pero se los llevé a mamá. Esto no es una prueba, papá."

O. L. – Sí, no lo es. Solo quieres que ella sepa eso. Daré el mensaje.

(Omito algunos episodios).

Feda – Cree que estabas muy cansado la última vez que viniste aquí. Sabes que a veces te cansas y quieres preguntar: "No te esfuerces tanto."

O. L. – Pero hay mucho por hacer.

Feda – Sí, él sabe que no es fácil dejar el trabajo.

Pero, después de todo, sería mejor que hicieras tus necesidades, padre. Está trabajando mucho. Sabes que estoy ardiendo por el día en que vengas aquí. Será algo espléndido para mí. Pero no debo ser egoísta. Tengo que trabajar para mantenerlo ahí, lo cual no es fácil para mí.

Dice que muchos aquí dicen que estás haciendo el trabajo más admirable de tu vida, ahora en la guerra. La gente está dispuesta a escuchar. Tenían mucho en qué pensar, pero ahora empiezan a ver que lo importante es pensar en la próxima vida.

"Quiero que sepas, padre, que cuando llegué me pareció injusto que tantas criaturas vinieran aquí en la flor de la vida." Pero ahora veo que por cada joven que viene, decenas de criaturas en el plano terrestre abren los ojos y quieren saber a dónde fue este tipo. Inmediatamente quieren saber y empezar a aprender. Antes, muchos nunca lo habían pensado seriamente. "Debe estar en alguna parte, reflexionan, estaba tan lleno de vida; ¿cómo podemos encontrarlo? Y así la gente descubre lo que es, y no solo para ellos mismos, sino también para muchos otros, y la ola crece.

"Quiere decirle que el señor Myers cree que en diez años el mundo habrá cambiado. El cincuenta por ciento del mundo civilizado será espiritual o estará en camino de serlo.

O. L – ¿Quince por ciento?

Feda – Dijo cincuenta.

"No puedo juzgar eso", pero no es el único que piensa así. "Concebí una teoría simple: que la Tierra se ha convertido en un caldo de cultivo para el materialismo y el egoísmo, que el hombre tiene que expiar sacrificando la fuente de su vida física, para que este sacrificio traiga a la tierra más condiciones espirituales, que destruyen el mal del materialismo." Dice que no es como si lo hubiera reproducido, pero olvidé cómo decirlo.

O. L. – Bueno, Raymond. El señor Myers me informó en un mensaje que tenías algunas pruebas preparadas y que debía provocar la oportunidad.

Feda – Ah, sí, dice. Pero no puedo entender nada sobre los "Argonautas"; esto parece lo peor de todo.

Le muestra a Feda algo que parece una casita de lona. Sí, debe ser una casa de lona. Y parece estar en un campo abierto, un espacio amplio. Sí – no...

Feda no ve cosas verdes. Hay una puerta en la casita, como ésta (y hace un gesto cuyo significado no pudimos captar). El lienzo es como pardusco, de color muy claro, no completamente blanco. Oh, sí, Feda nota el sonido del agua cerca: murmullo, murmullo. Feda ve a un chico que no es Raymond; está medio acostado, medio sentado, a la puerta de la tienda y sin abrigo; con una especie de camisa; y está estirado. La tierra es de color marrón, no de un hermoso verde; color arena, sí. Feda mira y ve al fondo el terreno que se eleva. Parece que estaba amontonado. Aparece como en las fotografías. Feda intenta descubrir qué es. La tienda tiene una forma curiosa, no redonda, piensa en ella desde un lado. La puerta, que en realidad no es una puerta, flota. Deberías poder ver una imagen como esta.

Feda siente que hay dos o tres personas alrededor de la tienda.

O. L. – ¿No hay en él una sola habitación?

Feda – No dijo eso. Estuvo a punto de decirlo, pero se detuvo a pensar. No, no creo que haya solo uno; estaba dividida.

Ahora muestra algo en la parte superior del tablero. Es un yate, un barco de velas blancas. Ahora vuelve a ir detrás de la tienda. La elevación del terreno es detrás de la carpa, con subidas y bajadas.

(La descripción no se pudo escribir completamente, pero da la impresión de una colina de diferente altura, al fondo de un espacio abierto y con una tienda de campaña al frente).

¿Mapas? ¿Qué es esto? Mapas, mapas, dice. Algo que los chicos saben. Pregúntales.

O. L. – ¿Y ese yate con velas? ¿Estás volando sobre el agua?

Feda – No. (y en voz baja): ¡Oh, Raymond, no seas tonto! Él dice que no (Feda: ¡Pero tiene que ser!). Está mostrando una tierra que se eleva hacia un lado. No es agua, pero el yate tiene velas blancas.

O. L. – ¿Estás caminando?

Feda – ¡Dice que no caminó! ¡Vete! Gritó "no camina." Feda debería decir: "Hizo hincapié en el no." Esto es para los chicos.

O. L. – ¿Los chicos tuvieron algo que ver?

Feda – Sí; ellos saben; ellos lo entenderán. Sí, sigue mostrando algo como un barco: un yate, como él mismo dice, un yate.

(Todo esto de la tienda y el yate me parece excelente, aunque no era algo que desconociera. La descripción de la escena deja muy claro que se refiere a las arenas de Woolacombe, donde la familia solía ir durante el verano: una amplia llanura de arena con un terreno elevado en el fondo, como describió Feda; y tiendas de campaña levantadas en la arena, una de ellas levantada por los niños. Era una carpa sobre ruedas, con dos habitaciones y doble puerta, utilizada para bañar a niños y niñas. De forma oblonga, como una casita. Una noche el viento se la llevó destrozada. Por la mañana vimos los restos desde la ventana. Los niños reunieron las piezas y construyeron con ellas una tienda de campaña más pequeña, esta vez con una sola habitación. Estaba un poco fuera de lugar. Por la descripción de Feda me di cuenta que Raymond dudaba entre hablar de la primera o de la segunda tienda.

El bote de arena era un artilugio que los niños construyeron en Mariemont y llevaron a Woolacombe. Una plataforma estrecha, o tabla sobre ruedas, con velas y timón. Al principio, cuando las velas eran pequeñas, solo caminaba con un pasajero ligero y en días de mucho viento. En una segunda temporada se volvieron más ambiciosos y pusieron velas más anchas, y creo que luego navegaron mejor en la arena. Las cosas terminaron en una ocasión ventosa, cuando el yate llevaba tres pasajeros; el mástil fue destruido. Los chicos demostraron ingenio en esa construcción, especialmente Raymond, que siempre había sido un amigo de la construcción. El yate no cumplió los planes principalmente debido al tamaño de las ruedas, que eran demasiado pequeñas; para que se acepte el "no caminé" de Raymond hasta Feda).

Feda – No sabe si realizó lo que propiamente se podría llamar una prueba. Podría aceptar como prueba, dice riendo, la información sobre la anciana.

O. L. – ¿La información del principio? (Sra. Cregg).

Feda – Sí.

O. L. – Fue una buena prueba, de eso no hay duda. ¿Recuerdas, Raymond, a William, nuestro jardinero?

Feda – Sí. Feda no entiende lo que dice, pero hay algo acerca que William viene (en voz baja): Explícale a Feda lo que quieres decir.

O. L. – ¿Eso significa que William está ahí?

Feda – No se explica claramente. Feda tiene la idea que esto significa que el hombre viene, viene aquí; pero cuando Feda pregunta: ¿Pronto? Él niega con la cabeza, como si estuviera molesto.

O. L. – Si lo encuentro, tal vez pueda ayudarlo.

Feda – Sin duda lo ayudará. Pero aun no lo ha encontrado. No lo he visto todavía. (El jardinero William había muerto una semana antes de la sesión y lo que Raymond le dijo a Feda demuestra el conocimiento o la eminencia de este hecho).

Es una situación difícil cuando la gente se nos acerca y nos dice que conocían a nuestro padre y a nuestra madre; no sabemos qué decirles.

O. L. – Sí, debe ser incómodo. ¿Recuerdas algún pájaro de nuestro jardín?

Feda – Sí. (en voz baja): ¿Pasando por ahí?

O. L. – No, Feda. Un pájaro grande.

Feda – Por supuesto que no era un gorrión, dice. Sí, recuerda. (en voz baja): ¿Estabas saltando, Raymond? No; dice que a eso no se le puede llamar saltar.

O. L. – Bueno, ahora voy a hablar de otra cosa, no quiero aburrirlos con pájaros. Pregúntale si recuerda al Sr. Jackson.

Feda – Sí. Caminando, caminando, dice. Solía llegar a la puerta. (en voz baja): ¿Entiendes lo que quiere decir? ¡Alguien que llega a la puerta...!

Dice que solía verlo todos los días (en voz baja): ¿Qué estaba haciendo, Raymond?

No responde en absoluto. No puedo entender nada.

Él está pensando. Dice que es culpa de Feda.

O. L. – Está bien. Cuéntame todo lo que dice, aunque no tenga sentido.

Feda – Dice que el señor Jackson se cayó. Está seguro de eso. Y salió herido. Raymond construye la letra T y muestra una puerta, una puerta pequeña; parece que está en un atajo, no en el centro de la ciudad. Dolor en pies y piernas...

O. L. – ¿Fue un amigo de la familia?

Feda – No. Dice que no. Raymond le da a Feda la sensación de caerse y se ríe, parece estar bromeando. Jackson era muy conocido para nosotros, dice; pero sigue sosteniendo que no era un amigo. No pasaba un día sin que se pronunciara su nombre. Raymond está bromeando, se da cuenta Feda. Se está burlando de Feda.

O. L. – No. Cuéntame todo lo que dice.

Feda – Dice que lo pusieron en un pedestal y que era muy admirado. Lo que dice parece sin sentido. Feda tiene la impresión que Raymond lo confunde todo, a veces hablando del señor Jackson, a veces del pájaro. Justo antes de referirse al "pedestal", habló de un hermoso pájaro... y se detuvo. Quiere hablar de uno y habla del otro: mezclar al señor Jackson con el pájaro.

O. L. – ¡Qué absurdo! Quizás esté cansado.

Feda – ¡Dice que no mezcló nada! Pero sí, lo confundió, porque dijo "pájaro hermoso" cuando hablaba del señor Jackson.

O. L. – ¿Y ese pedestal?

Feda – Sobre un pedestal, sí, dice.

(Este episodio sobre el Sr. Jackson y el pájaro es genial, porque Sr. Jackson era el nombre de nuestro pavo real. Una semana antes ese pavo real había muerto, en parte, supongo, a causa del mal tiempo. Pero sus piernas eran reumáticas y cuando intentó caminar se cayó. Lo encontramos muerto una mañana, con el cuello roto. Y una de las últimas personas que vi en casa, antes de venir a esta sesión, fue el hombre al que Lady Lodge llamó para atiborrarlo. Y recuerdo haberle mostrado a este hombre el pedestal sobre el que debía colocarse el pavo real disecado, porque estaba justo ahí. Por tanto, la referencia al pedestal, si no vino de mí telepáticamente, muestra en Raymond un curioso conocimiento de lo que estaba sucediendo en casa. Y el ocultamiento juguetón por parte de Feda de la identidad entre el Sr. Jackson y el pavo real está muy en el carácter de Raymond. Feda evidentemente admitió, o intentó admitir, que nuestra familia había colocado metafóricamente al Sr. Jackson en un pedestal.

El hecho que el nombre "Mr. Jackson" inmediatamente sugirió a Raymond que la idea del pavo real es evidente, pues en la pregunta que hice fui cuidadoso de no sugerir nada sobre la identidad del hombre y el pájaro. Y fue la dualidad la que obstaculizó a la pobre Feda.

Me equivoqué al mencionar al pájaro en primer lugar; pero luego, con mis interrupciones, traté de disociar el nombre del señor Jackson de lo que había preguntado sobre el pájaro... y a Raymond le hizo gracia el qui–pro–quo.

En las sesiones familiares en Mariemont, sin médium, todo le decía lo que pasaba en casa; pero la muerte del pavo real y la idea del pedestal eran muy recientes, así que me sorprendió que ya los conocieras. Por eso creo que este episodio es excepcionalmente importante).

Feda: Raymond busca mostrarle a Feda el costado de una casa, no una pared; es vidrio. Está llevando a Feda alrededor de esas gafas. Sí, cuando miramos a través de ellas, vemos flores y hojas en su interior. Él iba allí, estaba allí, eso es lo que me dice. Jarrones rojos.

O. L. - ¿Tiene esto algo que ver con el señor Jackson?

Feda - Raymond niega con la cabeza. De allí trajo flores su madre.

Referencia a nuestro invernadero y algo más. Las flores de las que habla Raymond deben ser los jazmines amarillos que mi esposa recogió cerca del invernadero. Y también era allí donde se posaba el pavo real; pero no pudimos concluir que la referencia fuera una continuación del caso del Sr. Jackson.

Feda - Sí, ahora no está claro, Sir Oliver. Se deleitó. A veces te entregas tanto que te olvidas de las cosas buenas que habías preparado. Puedo quedarme horas y horas, dice. Lo que te molesta es cuando no consigues hacerte entender y la gente cree que no lo recuerda. No se trata de olvidar cosas, no. No olvida nada.

"Papá, ¿recuerdas lo que le dije a mi madre sobre el lugar que me permitieron ver? ¿Qué piensas sobre eso?"

O. L. - La familia pensó que no se parecía a Raymond.

Feda - Eso era lo que tenía miedo.

O. L. - No creo que la familia conozca este aspecto de Raymond.

Feda - Antes de comunicarle esto a su madre, Raymond dudó. Y luego dijo: "No importa lo que pienses ahora; más tarde, la madre y el padre lo sabrán. Algún día lo sabrán todo, entonces, ¿qué importa ahora?"

Dijo que tenían que encontrarlo extraño, considerarlo algo que no era suyo. Quizás no conozcan este lado suyo.

O. L. – No. Entre las cosas que dejó mi hijo encontramos una Biblia con pasajes marcados, y de allí vimos que él tomaba estas cosas en serio.

Feda – Sí, dice. "Pero tenía miedo de revelar este lado de mí. Lo guardamos para nosotros mismos; lo ocultamos."

O. L. – Debe haber sido una gran experiencia.

Feda – "No lo había pensado, ni lo esperaba – pero me fue concedido."

O. L. – ¿Alguna vez has pensado en poder hablar a través de otro médium, no solo a través de Feda? Pregunto porque los chicos están pensando que fue Feda quien inventó lo que te atribuyó.

Feda – "Sí, eso es lo que piensan."

O. L. – ¿Raymond vio a esta persona solo esa vez?

Feda – No, no lo vi excepto como dije. "Dice, padre, que no viene y se mezcla libremente, aquí y allá y en todas partes, sino que siempre somos conscientes de él y lo sentimos. Somos conscientes de su presencia. Mucha gente piensa que cuando mueren son como él, uno al lado del otro, pero no es así."

A Raymond le resulta imposible decir más ahora, antes de poder decirlo a través de otra persona. Puede que esté mal traducido. "Feda a veces traduce mal y por eso les pido que tengan cuidado."

O. L. – ¿Raymond ha hablado últimamente a través de otro médium, con alguno de mis amigos?

(Esto se refiere a una sesión del Sr. Hill con Peters el mismo día).

Feda – Raymond no dice nada al respecto. No tiene mucha fuerza y tiene miedo de cometer errores.

"Adiós, padre. Los extraño a todos, mi amor por madre. Me siento más cerca de ti que nunca y trato de demostrarlo. Lionel es un querido camarada. Mi amor para todos.

No olvides contarle a mamá sobre las rosas que le traje. No hay nada que entender sobre esto; solo quiero que sepa que le traje unas rosas.

Buenas noches papá. Siempre pienso en ti. Que Dios los bendiga."

Recomendaciones de Feda al Sr. Alec.

O. L. – Sí, Feda, te lo daré. A todos nos gustas mucho.

Feda – Sí. Feda lo siente y eso la anima y la ayuda.

La señora Leonard recobró el sentido rápidamente, sin ninguna perturbación, aunque la sesión había sido muy larga.

Repito que fue una experiencia material muy rica y probatoria.

Capítulo XVIII El caso "Honolulu"

Han sido muchos los incidentes que se pueden relatar, algunos bastante característicos, otros equivalentes a buenas pruebas. Lo que voy a publicar es realmente valioso. Sesiones simultáneas en Londres y Edgbaston

Lionel y Norah fueron a Londres el 26 de mayo y concertaron una sesión con la señora Leonard entre las 11:55 y la 1:30 de la tarde.

Por aquel entonces se le ocurrió a Alec, que estaba en Birmingham, realizar una prueba de correspondencia psíquica. Al salir de la oficina, fue en busca de sus hermanas al depósito de Lady Mayress, donde estaban trabajando con gasas quirúrgicas, y las llevó a Mariemont para una rápida sesión de mesa. Esta sesión tuvo una duración de diez minutos, de 12:10 a 12:20 de la tarde. La prueba consistió en llamar a Raymond y pedirle que se comunicara con Feda en Londres respecto a la palabra "Honolulu." A todos les pareció genial la idea.

El informe de esta breve sesión Alec me envió en una carta que recibí esa misma tarde – y fue a través de esa carta que me enteré de la experiencia. El sello del sobre decía:

"I p. metro. 26 de mayo 16." Hola:

Mariemont, viernes 28 de mayo, 12:29 horas.

"Honor, Rosalynde y Alec en una sesión de mesa. Saben que Lionel y Norah están en sesión con Feda en Londres. Sugerimos que Raymond salude a Norah y Lionel e induzca a Feda a anunciar la palabra "Honolulu." Lionel y Norah no saben nada de esto, que fue algo improvisado por Alec después de las 12 de hoy.

(Firmado) Alec M. Lodge

Honor G. Lodge, Rosalynde V. Lodge

Una nota escrita a lápiz: "Publicado a las 12:43; y la tinta: Recibido por mí a las 7 pm. Abierto, leído y ordenado inmediatamente. OL."

Quienes asistieron a la sesión de Londres no sabían nada sobre la sesión de Mariemont; y no se les comunicó nada en ese momento ni después. Al no observar nada extraño en la sesión, dejaron de redactar el informe inmediatamente, lo que hicieron una semana después de regresar.

Las notas tomadas me las pasaron para que pudiera leerlas con mi familia. Cuando lo hice, encontré una referencia a la palabra "Honolulu" casi al final. La petición de música parecía intencionada por parte de Raymond para que Feda volviera a anunciar esa palabra sin sentido; y el momento en que esto sucedió fue entre las 1:10 o 1:15. No se observó nada más de interés por el momento.

Aquí están las notas de la sesión de Londres:

Sesión de Lionel y Norah con la Sra. Leonard, en Londres, viernes 26 de mayo, 11:55 a.m.

Extracto de notas hechas por Lionel Lodge:

Después de referirse a la hermana casada de Raymond y su marido. Feda dijo de repente: ¿Cómo está Alec?

Lionel – Muy bien.

Feda – Reymond quería saber cómo le estaba yendo y lo recomendó.

No siempre se da cuenta de quién está en la mesa; algunos lo entienden mejor que otros.

Siéntese en silencio una o dos veces por semana, tómese de la mano, de derecha a izquierda, y permanezca así durante diez minutos, con paciencia. Puede esperar hasta el día del juicio.

Él dice: "Espera y verás." ¡Vete! Vio a Curly.

L. L. – ¿Está Curly ahí ahora?

Feda – No; pero lo vemos cuando queremos. Es uno que se mueve y va... (aquí Feda hace el sonido de un perro jadeando con la lengua fuera, buena imitación).

(A Norah) ¿Quieres jugar?

Norah – ¿Jugar a qué?

Feda – Música.

Norah – Me temo que no puedo, Raymond.

Feda – (en voz baja) Sí, puede.

Quiere saber si puedes jugar Hulu – Honolulu.

Entonces, ¿no quieres probarlo? Está rodando de risa.

Dice cualquier cosa sobre un yate; se refiere a la prueba de tiendas de campaña y yates. ¡Los argonautas!

Raymond se va. Saludos a todos desde Mariemont. La sesión duró poco tiempo y finalizó a las 13:30, pero esta nota puede terminar aquí.

Nota sobre el caso "Honolulu", de O. L.

Debo insistir en el caso "Honolulu":

1) porque valora las sesiones familiares;

2) porque elimina cualquier hipótesis de colusión, consciente o inconsciente, y

3) porque, en conjunto, constituye una prueba excepcionalmente valiosa.

La telepatía no está excluida en absoluto. Las circunstancias pueden sugerir esta explicación; es decir, una variedad de lo que solemos llamar telepatía; es decir, comunicación mental entre agente y perceptor. Porque en Edgbaston había un grupo de tres personas sentadas en una mesa pequeña y pensando por unos segundos en la palabra "Honolulu"; y en Londres estaban dos frente a una médium observando lo que sucedía. Y en la nota realizada aparece la palabra "Honolulu." La telepatía; sin embargo, del tipo que sea, no constituye una explicación normal; y me atrevo a decir que no existe una explicación normal para este caso, aparte de la hipótesis de coincidencia. La invitación a la música fue forzada al comunicador, con el fin de provocar la palabra "Honolulu"; no ocurrió naturalmente; y aunque el tema de la música había surgido de forma natural, no había motivo para hacer alguna referencia especial a esa canción. Lo principal que destaco en este caso es el valor de las sesiones familiares sin médium, celebradas ocasionalmente en Mariemont. A través de ellos, Raymond siguió siendo un miembro de la familia, como antes.

Nota de O. L. al concluir la parte XI en 1916

El número de pruebas, más o menos convincentes, que hemos obtenido hasta ahora es muy grande. Algunas son más poderosas para unos que para otros; pero en conjunto, a la familia le parecen libres de toda duda y sospecha. Y hay que decir también que, en parte, gracias a la actividad de Raymond, otras familias recibieron cierto alivio.

A continuación se publicará una breve selección de muchos incidentes posteriores como ejemplo de lo que ocurrió después que apareciera la primera edición de este libro.

Capítulo XIX Selección de los sucesos más recientes.

Después de las primeras ediciones de esta obra, naturalmente se obtuvieron muchas otras conversaciones que proporcionaron material para otro volumen aun mayor que el primero. Creo; sin embargo, que bastará con mencionar algunos casos nuevos en esta edición, que serán bien recibidos por quienes ya han asimilado los hechos principales y están interesados en más detalles. Empiezo por las sesiones en las que Feda actuó por primera vez en Mariemont.

Este libro entró en imprenta en junio de 1916, apareciendo en noviembre de ese año. Y como, desde el punto de vista de la prueba, ya no tenía ninguna ventaja seguir tratando a la señora Leonard como a una extraña, la invitamos a venir a pasar unos días con nosotros en Mariemont. Sería interesante observar la acción de Feda en nuestro entorno doméstico. La señora Leonard llegó a Mariemont el 15 de julio de 1916 y ese mismo día, por la tarde, se revelaron sus facultades de clarividencia.

La primera noche de la señora Leonard en Mariemont, sábado 15 de julio de 1916

La señora Leonard fue alojada en la habitación blanca. Por la noche oyó golpes en el armario; al abrir los ojos notó una luz verdosa en la habitación. Se sentía rígida y casi en estado cataléptico; pero hizo un esfuerzo por mover el brazo y hacerse la señal de la cruz en el pecho, algo que a su juicio alejaba el peligro. La sensación era que solo podía mover los ojos, no la cabeza, lo que limitaba su rango de visión. Escuchó una voz que decía "Raymond" e inmediatamente vio una figura vestida de gris. Se dio cuenta de quién era. Raymond estaba midiendo los pasos por la habitación. La señora Leonard pensó para sí misma: "Realmente estoy despierta" y escuchó el sonido de una fuerte lluvia cayendo, lo que confirmó su idea que no estaba soñando. También dice que Raymond se parecía mucho al retrato de la biblioteca, vestido de civil.

En las siguientes noches pasadas en Mariemont (domingo y lunes) volvió a oír golpes en el armario, tan fuertes el domingo que parecía que lo iban a romper; y golpes que comenzaron apenas se acostó.

No se intentó ningún experimento el día de su llegada, pero el sábado por la noche toda la familia se reunió en el salón para tocar música; la mesita se puso en movimiento como de costumbre y pareció mucho más impetuosa cuando la señora Leonard puso sus manos sobre ella. La recomendación fue inmediata: Raymond prefería una conversación, porque "ahora podía hablar y ver con mayor claridad." La mesa empezó una frase que no pudieron terminar: "Es un día especial, había regresado de…"

Justo un año antes, el 16 de julio, había estado allí por última vez, disfrutando de un breve descanso que deseaba intensamente.

A pesar de la ayuda de la médium, la mesa pronto se detuvo. La alejamos y la señora Leonard se preparó para el trance. Apareció Feda. Primero dijo que Ronn (el teniente Ronald Case) y varios otros amigos de Raymond estaban presentes y que teníamos que cantar para ellos. Preguntaron por *Honolulu, The Orange Complexioned Lady, Irish Eyes* y cosas así. Por eso, en una sesión posterior, el miércoles, se cantaron estas canciones, así como *Gipsy Love, Mélisande* y música sentimental de los indios, las llamadas canciones del templo. Feda mostró una gran predilección por este género, al tiempo que parecía padecer ragtimes. La tristeza de *Mélisande* no la afectó; Dijo que no "le dolía ver a la gente triste, era una tristeza hermosa."

Pero volvamos a la sesión del domingo: después de una conversación, Raymond declaró que en otra sesión quería vernos a todos en el ático. "Todos irán allí. Le gusta el desván, no la terraza, no se refiere a la terraza, sino a un lugar más interesante" – y Feda continuó:

Hay algo sobre un cuadro en el ático. Un cuadro que no está en la pared. Intenta mostrar algo que parece un palo largo (y Feda hace un gesto vago).

(Hubo un cuadro sin valor que apareció en la casa de su abuela, en Newcastle-under-Lyme, que representaba a una niña con abrigo y sombrero, clavando una nota en un árbol hueco con un palo largo.

Lady Lodge lo había dejado en Newcastle para venderlo junto con otros artículos inútiles, pero el cuadro acabó en Mariemont. Los chicos dicen que Raymond lo compró en New Street, Birmingham, por 5 chelines y lo colgó en la pared de su dormitorio. Lady Lodge, que no estaba al tanto de esto, fue al dormitorio al día siguiente de la partida de Raymond y, al ver el cuadro allí, puso algo más en el marco.

Parece que Raymond estaba pensando en este cuadro de la chica del palo: notó su falta y trató de dar a entender que lo habían cambiado. – O. L., agosto de 1916).

(Nota de marzo de 1922: Esta pintura, desaparecida en 1916, acaba de ser descubierta en Worthing y parece ser la misma que la de Newcastle. Ahora está en Normanton, en el laboratorio).

Luego le pregunté si él, Raymond, quería decir algo más sobre el ático o cómo lo llamaban.

Feda – Sí, dice que le resulta especialmente familiar. (Y Feda murmuró para sí: Dawnatry, daw, daw). Dice papá que eso no lo sabe, Lirón... No... Dice lirón, o sea, un lirón joven.[7]

(Aquí los presentes se rieron; Feda se río y dijo:)

---

[7] Se produce aquí un juego de palabras que solo se entiende en inglés: "Dormouse" es un animalito, el lirón, y Feda lo confunde con "dormitory." Se produce un interesante *qui–pro–quo*, que divirtió mucho a Raymond y perturbó a la pobre Feda.

Se está burlando de Feda. Dice que cuando el ratón joven está en el ático lo llaman "el de arriba." Es una habitación enigmática en el ático, donde solían dormir Raymond y otros dos niños, es conocida en la familia como la "habitación de arriba", y los desvíos para que Feda dijera "dormitorio" y "arriba" son muy divertidos. Pero desde el punto de vista de la evidencia, el episodio se vio algo estropeado por la circunstancia que Alec y Noel, en una sesión reciente en Londres, le dijeron a Raymond algo sobre el "dormitorio de arriba" (O. L.).

Feda – Dice que el "lirón" es un pasajero de tercera clase. Está bromeando.

(Esta observación no fue entendida en ese momento; pero después Lady Lodge me hizo ver que una parte adyacente al ático se conoce en la familia como "el barco." Para llegar al "dormitorio de arriba" hay que seguir un pasillo de tablones, con ventanas que traen luz al pasillo trasero; este pasaje es "el barco." Por tanto, el dormitorio puede considerarse la parte final o la tercera clase del barco. – O. L., agosto de 1916).

Para aclarar el episodio siguiente, debo decir que Sir Herbert Tree, con motivo de sus visitas profesionales a Birmingham, solía presentarse a almorzar en Mariemont, donde siempre era bien recibido, especialmente por nuestro Raymond, a quien contaba historias en una manera encantadora. A Raymond le gustaba imitar algunos de sus gestos, para diversión de la familia; así que lo que sigue fue muy apreciado.

Feda continúa:

Parece estar haciendo algo especial. Vestido de traje oscuro – azul oscuro. Terriblemente elegante. Y él está aquí, de pie. Su cabello brilla.

Lady Lodge – Sí, es muy elegante.

Feda – Y hace esto (imita un gesto de Sir H. Tree) y dice lánguidamente): ¿Por qué nací tan hermoso?

Todos ríen. Raymond se inclina frente al grupo y dice:

– ¡Muchas gracias!

Llevaba este traje de caso reflexivo. Resáltalo. Quiere que sepan que él es solo él, ni una sola línea diferente. Lo mismo de siempre. Quiere que entiendan eso más que nada. Es en serio. La única diferencia ahora es que no come, no se preocupa, no le interesa.

(Después de la imitación de Sir Tree, que hizo reír mucho al público, Raymond dice el mismo "gracias" que solía decir. Este detalle es extraordinariamente característico. Lady Lodge confiesa haber tenido la sensación exacta de Raymond. – O. L., agosto de 1916).

Se fue de gira en un yate, por lo que vestía ropa azul marino.

Siguió un episodio divertido sobre un volante que Raymond había hecho para un carro. Pero la falta de espacio me impide publicarlo aquí.

El domingo por la noche, Raymond volvió a declarar que quería ir al ático para una sesión allí. Esto es lo que pasó:

Feda – Raymond quiere que todos, y también Feda, vayan al "lirón." Quiere una sesión allí. No hay ningún inconveniente para el médium, aunque encuentra el lugar un poco frío.

Alec – Anoche contó algo que pasó allí. ¿Podrías iluminarnos más ahora? Simplemente habló de cualquier cosa que pasó.

Feda – Dice que todo gira, pero no siempre de la misma manera.

Alec – ¿Dónde?

Feda – El "lirón" lo ve. El lirón mira esto y canta: ¡Oh, vientos que soplan del Sur! Cuando el viento sopla del norte, el "lirón" mira para otro lado. (en voz baja): ¡Esto es absurdo!

Alec – No. Así es.

Feda – Si lo sacaran de allí el lirón se sentiría perdido.

Alec – Dile que entendemos lo que quiere decir.

Feda – ¿Entiendes? ¡Es extraño! Lo hace así con los brazos. Oh, debe ser un "lirón" interesante. Ahí va él. ¡Hasta luego!

(La veleta del establo no está muy lejos y es visible desde las ventanas del dormitorio de arriba. La señora Leonard no había estado allí en absoluto).

El martes decidimos ir al ático, que la señora Leonard aun no había visto; y aquí publico el resultado.

(Después del té, seis horas después, toda la familia subió al dormitorio de arriba y bajó las persianas. Allí hay una pequeña habitación, llamada "la gruñona", que Raymond solía usar como estudio. Una vez que todo estuvo listo, bajó a buscar a la señora Leonard, quien vino y se sentó de espaldas al cuartito, cuya puerta estaba abierta, cuando apareció Feda, se giró y extendiendo las manos hacia aquel cuarto dijo):

– ¿Qué estás haciendo ahí? No te quedes ahí, sal y habla. Él está allá. ¿Qué está haciendo? ¡Ven! Dice que ve el "lirón." Está haciendo algo allí. Dice que solía quedarse allí.

(Raymond, de hecho, a veces trabajaba en esa sala haciendo dibujos técnicos – O. L.).

Está buscando algo en las paredes. Dile a Feda lo que estás buscando.

(Uno de los muchachos había colgado el volante, al que ya nos hemos referido, de un clavo en la pared, sobre un certificado de Raymond colocado en un marco. – O.L.).

No es un cuadro lo que quiere, pero si encuentra un cuadro tendrá lo que busca. No puede alcanzarlo, dice. Mejor sácalo de ahí y dáselo.

O. L. – ¿Algo cuadrado? (la pregunta fue hecha con el propósito de molestar).

Feda – Dice: Padre, tu vista no ha mejorado. Tres piernas. (El volante tenía tres radios curvos, sugiriendo la tres patas de la Isla de Man).

Algo que hacer, dice. Redondo. (en voz baja): ¿Qué pasa? Un animal, tal vez. Dice que sabes muy bien de qué se trata.

Nosotros – Sí, lo sabemos. ¿Quieres que te lo despeguemos de la uña?

Feda – Dice que no, que ya no lo quiere. Dice que las uvas estaban muy dulces. (Y Feda comenta:) Estás diciendo tonterías. Le dio mucha importancia y ahora ya no lo quiere más.

Este breve episodio es muy instructivo al mostrar lo que quieren decir cuando dicen que "necesitan" ciertas cosas triviales con las que estaban asociados. El objetivo es simplemente mostrar que los tienen en la memoria a pesar que la memoria está separada del cuerpo. Raymond continuó mencionando muchas cosas que había en esa habitación en su época; por brevedad solo me referiré a la solicitud de fotografía de una embarcación que ya no estaba, pero había estado allí; también hizo referencia a su costumbre de utilizar cierta ventana del ático para exponer placas fotográficas. Y dijo que la veleta del establo (a la que se refirió como el juguete del "lirón") era visible desde una de las ventanas – en ese momento cerrada por las persianas, y en la que la señora Leonard no había estado. Raymond intentó entonces tomar el control directo del médium. No fue feliz; pero el hecho es interesante, especialmente por las observaciones de Feda. Esto es lo que pasó:

O. L. – ¿Está Raymond ahí? ¿Crees que lo lograrás ahora?

Feda – No lo sabe, pero a Feda le gustaría que lo intentara. Por lo que dice Paul, cuando menos lo espere lo obtendrá.

O. L. – Paul parece haberlo conseguido muy bien.

(Me han informado que en la casa de la señora Kennedy la señora Leonard ha sido controlada por Paul muy a menudo. – O.L.).

Feda – Sí, a veces; pero Raymond no puede hablar cuando está controlado. Dice que no puede recordar cosas. Cuanto más te sientas físicamente, menos podrás poner a trabajar tu cerebro. Cuanto más te acercas al contacto físico, más lo pierdes (Feda señaló su cabeza, que significa "inteligencia"). Por eso, cuando hablaba a través de la señora... tenía un estilo de sermón de escuela dominical. Esto es lo que les sucede cuando no dominan al médium de forma absoluta. Sabe cuando domina lo que ella (indicando al médium) piensa. Pero aquellos que no saben cómo adquirir el control tienen que utilizar lo que encuentran allí (es decir, en el cerebro del médium). Y luego se centran en lo que dijo el Dr. sobre Feda: dijo que Feda era una "fase de la mente subjetiva del médium." ¡Esta designación de Feda es horrible! "¡Fase de mente subjetiva!" ¡No fue una blasfemia, pero fue muy feo! (pausa).

(Cabe señalar que, aunque Feda suele hablar en primera persona, como Raymond, su control directo es raro; y cuando ocurre, rara vez es de naturaleza estrictamente probatoria, excepto cuando posteriormente hay referencia al hecho por otro médium).

Hubo un largo silencio, y tics en el medio, con vanos intentos de hablar. La mano de Lady Lodge fue cogida y apretada con fuerza. Entonces llegó mi turno. Me apretaron y sacudieron violentamente la mano durante mucho tiempo.

Se dijeron palabras inconexas y la médium comenzó a llorar. Las palabras "Raymond" y "Madre" fueron pronunciadas, pero con dificultad y repetición.

Su madre correspondió su cariño y le dijo que no se enojara, ya que todos estábamos muy contentos con lo logrado.

Es él:

– No me siento infeliz sino simplemente eufórico. (Y luego, en voz alta:) Padre. (Aquí Lionel murmura:) Pat (y le tendió la mano, que fue apretada con fuerza). Llegó otro grito.

Alec, Norah y Honor también le dieron la mano a Raymond, quien dijo:

– Me retiro.

(Todo esto tomó mucho más tiempo del que se dedicó a esta nota).

Entonces las manos de la médium cayeron sin fuerzas sobre su regazo. Feda ya no habló y la señora Leonard poco a poco recobró el sentido. Finalmente se frotó los ojos y dijo:

– Me siento diferente a lo habitual.

(La llevamos a la ventana a respirar y luego al jardín. No parecía mal. Los demás se sentían un poco cansados. Al día siguiente la señora Leonard me informó que había pasado muy bien la noche y no había escuchado nada. Llama a la habitación - aparentemente la primera vez desde que la ocupa - O. L.)

Unos meses más tarde oí hablar de dos señoras dotadas de un gran poder mediúmnico, que en ocasiones se ponían a disposición de extraños debidamente presentados por amigos.

Gracias a la amabilidad de una señora que conocía, Lady Lodge pudo ser recibida sin darse a conocer - el 21 de septiembre de 1916 - y obtuvo una comunicación de gran valor probatorio. Los guías la reconocieron de inmediato y poco después anunciaron su nombre, a pesar que Lady Lodge les había pedido que no lo hicieran. Las dos damas quedaron muy sorprendidas al saber quién estaba allí; habían asumido que era la hermana del amigo presentador. La única parte que daré aquí de aquella sesión - en la que el medio utilizado fue la mesita - consiste en algo tan evidentemente desconocido para las dos médiums, que cuenta como prueba de algún tipo de poder sobrenatural, aunque, para mí erróneamente, se puede atribuir a la telepatía. Lady Lodge no tocó la pequeña mesa, frente a la cual solo estaba sentada una de las médiums, que en ese momento nos era completamente desconocida. Raymond era consciente de comunicarse de una manera que produjera la mejor demostración de evidencia.

Raymond - ¿Cómo está Harrie?

Lady Lodge - No conozco a ningún Harris.

Raymond - ¡Ay, mamá! No importa. Tienes que recodar.

Lady Lodge - ¿Algún familiar?

Raymond - No.

(En ese momento se me ocurrió una luz. Habíamos tenido una criada en Mariemont, Harrison, que había permanecido en la familia durante veinticuatro años, y los chicos la llamaban "Harrie").

Lady Lodge - ¿Es un "él"?

Raymond – No.

Lady Lodge – ¿Es "ella"?

Raymond – Sí.

Lady Lodge – Ah, entonces debes enviarle un mensaje inteligible.

Raymond – Dile que ya no necesito que me arreglen la ropa.

(Harrison remendaba la ropa de los niños. Recuerdo un pantalón de tenis que se volvió histórico en la familia por cierto parche suyo).

Raymond – Mamá, soy yo. Mi amor para todos.
Ánimo, madre.

Vinieron otros guías y se produjo una evidencia notable proporcionada por una persona desconocida del otro lado, pero como no concierne a Raymond, no lo mencionaré en este libro.

En 1917 lo más interesante que logré fue una sesión de voz directa, que tuvo lugar en enero, con la señora Roberts Johnson, la llamada "médium de cuerno"; interesante, dada la posterior referencia que se hizo al hecho a través de otro médium.

La sesión tuvo lugar cerca de Birmingham, en la casa de un médico, y contó con la presencia de varias personas, entre ellas Lady Lodge y Honor, que se presentaron de forma anónima.

Aquí reproduzco las notas tomadas por mi hija:

Sentí grandes ondas de vibración, como si estuviéramos en el mar, ondas que se elevaban desde el suelo debajo de mi silla y que todos los presentes sintieron por igual. También ráfagas de aire frío.

Los presentes eran amigos del Dr...., que es un investigador psíquico no muy crédulo en la corneta.

Algún tiempo después del inicio de la sesión, una profunda voz escocesa vibró en la bocina, o en sus proximidades, diciendo:

– ¡Buen día señores!

Me explicaron que ellos eran el guía principal, David. Seguimos cantando; la voz volvió a hablar:

– Todo el mundo está actuando bien.

Entonces la corneta empezó a recorrer la habitación golpeando a la gente; algunos confesaron haber sido tocados por las manos, o haber sido sujetos por los brazos, como si estuvieran sostenidos por otros brazos. Finalmente la corneta se dirigió a nosotros, y la señora Johnson declaró que había visto a un joven con uniforme caqui, parado frente a mí, con papel y lápiz en la mano. Y el clarín nos dijo:

– Raymond. Raymond. (La segunda sílaba era casi imperceptible para cualquiera que no estuviera familiarizado con la palabra).

– Dile a mi padre que estuve aquí.

Esto fue enunciado en un discurso muy débil, pero en el que reconocimos la voz de Raymond. Como no entendimos bien, le pedimos que repitiera la última frase, lo cual lo hizo en un tono de grito que dañaba su voz al mezclarla con la vibración de la bocina. Su madre se molestó. Entonces Raymond dijo:

– No te preocupes, madre. Estoy bien.

Su madre preguntó:

– ¿Sabías de antemano que vendríamos aquí?

– Sin duda. Siempre estoy contigo.

La corneta nos golpeó a mí y a su madre. La señora Johnson repetía todo el tiempo:

– ¡Habla, habla, amigo!

Luego, la corneta se dirigió al centro de la sala y comunicó mensajes a otras personas. Hacia el final de la sesión vimos luces en el techo, como estrellas; También se escucharon golpes en una esquina de la habitación, fenómeno al que nadie prestó atención.

Esta sesión se celebró el 23 de enero de 1917. El 12 de febrero, tres semanas después, en una sesión con la señora Leonard, Feda nos dijo a Lady Lodge y a mí, refiriéndose a la familia en general:

Feda – Él (Raymond) declara que ha estado intentando hablar contigo. No a través de la mesa, sino a través de una voz hablada, y se sintió algo decepcionado.

Lodge – ¿Por qué? ¿Por qué no lo logré? (todavía no sabíamos a qué se refería).

Feda – "Sí. Yo estaba allí. Lo estaba, pero decepcionado por no coger fuerzas y actuar adecuadamente. Espero rendir mejor en otra ocasión. Alguien allí me dijo; pero no podía ver con claridad; una especie de niebla lo envolvía todo. Alguien estaba tratando de ayudarme, alguien que no conocía."

Le muestra a Feda un salón, no en su casa, sino en otra. No fue hoy ni ayer. Él piensa que había varias personas allí, no solo tú. Hace tiempo.(Lady Lodge se dio cuenta de a qué se refería Raymond y preguntó:)

Lady Lodge – ¿Quién estaba allí?

Feda – Miss Olive[8] y una dama. Sir Oliver no estaba allí. Raymond no podía ver a la gente con claridad, pero había más gente que tú. Raymond intentó hablar.

Lady Lodge – Dile que escuché su voz.

Feda – Eso lo hace feliz. Pero en aquella ocasión se sintió decepcionado porque no tenía fuerzas suficientes. Las adquirió, pero pronto las perdió. Por el momento no podía pensar en las pruebas. Le interesan las pruebas y tenía algunas preparadas, pero nada pudo hacer. No podía decir nada más que generalidades. Dice que tocó a la dama, al parecer dos veces.

Lady Lodge – Sí, es cierto.

Feda – Fue un placer. Ahora pregunta si la voz se parece a la suya. "Alguien me estaba ayudando mucho." Alguien del otro lado, dice, lo estaba ayudando. Intenté hacerle levantar la voz, y cuando la levantó el sonido se volvió extraño, irreconocible como voz. Esto lo decepcionó. Consideró preferible no haber subido el tono. (muy cierto). Se sintió inclinado a decir "ah weel."

---

[8] Feda tenía la costumbre de tratar así a Lady Lodge.

Señora Lodge – ¡Genial!

(La aprobación de Lady Lodge proviene del hecho que uno de los guías de la Sra. Johnson era David Duguid, que hablaba en dialecto escocés. "Ah weel" es un dialecto escocés).

Feda – "Sí, tengo ganas de decir "ah weel", pero por suerte pude contenerme. Mamá, estuve muy cerca de hablar.

Lady Lodge – Sí, escuché tu voz, Raymond, y la reconocí muy bien.

Feda – "La entonación era mejor cuando hablaba en voz baja. Intentaron ayudarme y eso me confundió."

(Honor señala en sus notas que mientras sonaba la corneta la señora Johnson seguía diciendo: "¡Habla, amigo, habla!").

"Espero que tengamos otra oportunidad pronto. Inténtalo. Y luego hablaré de ello."

Lady Lodge – ¿Quién estaba conmigo? (pausa).

Feda – "A decir verdad, no podía entenderlo. A mí me parecía una de las chicas; me sentí como alguien de la familia, alguien que conozco; pero solo lo sentí, no pude verla. Me vieron bailando un poco: ¿un palo de parachoques? (Feda) Lo hizo.

Lady Lodge – No. No noté nada.

Feda – Lo hizo en el suelo, con algo de metal.

Lady Lodge – Probablemente se lo atribuimos a alguno de los presentes.

Feda – No, lo hacía así: uno, dos, tres (tiempos).

(Honor declara que el cuerno efectivamente golpeó el suelo frente a ella, tal como lo cuenta Raymond).

Lady Lodge – Sí, hemos oído eso.

Nota de O.L.

La confirmación general que reciben los hechos da gran valor a esa sesión de voz directa con el otro medio, salvo que admitamos la estúpida hipótesis de una cooperación fraudulenta.

A principios de 1920 fui a los Estados Unidos y allí busqué algunos médiums aficionados a los que Raymond se refirió, a través de Feda, después de mi regreso a Inglaterra. Varias de las observaciones de Raymond en las sesiones de voz directa son bastante instructivas. Lo que sigue es un resumen de lo que escuchamos de él. Cuando se le preguntó si había hablado a través de un hombre con una forma extraña de expresarse, respondió:

"Sí, dije algo, pero no me gustó. No usé su lengua, sino solo su laringe, sin lengua, sin labios. Fue como si descorchara algo y lo dejara abierto. Estaba muy interesado en este hombre y si lo conociera mejor tal vez me agradaría. Tiene una fuerte mediumnidad. Quería usarlo para producir algo muy evidente; pero había otras personas allí, así que no pude decir lo que quería. El hombre tiene mucho poder. Ha estado pensando en visitar Inglaterra."

Nota

Las notas de Lady Lodge sobre el incidente de América son las siguientes:

"Vi al señor por primera vez en una cena en casa de los Koven.

Siempre había tenido interés en conocer a este famoso escritor, del que tanto había oído hablar. Encontré un hombre muy diferente a lo que esperaba, pero no me disgustó su apariencia. Durante la cena hablamos sobre los temas del día; luego, a pesar de la presencia de otras tres personas, me habló de una experiencia psíquica extraordinaria que había influido en su vida, como esa visión había influido en la vida de San Pablo. Adquirió fuerza psíquica. Le pregunté si podía darme una demostración de esto. Estábamos sentados un poco apartados de los demás. Señor ... aAcbedriuua abrió la boca y, sin mover los labios y la lengua, una voz sonó en él:

la voz de Raymond. No tomé nota de lo que se decía y no era evidente, pero era muy similar a lo que Raymond solía contarnos, en esa manera tan peculiar que tiene."

En la sesión de Feda del 3 de junio de 1920, que venimos relatando y que se vio interrumpida por estos incidentes intermedios (para una correcta comprensión del resto, será útil releer lo anterior), Raymond, tras una breve conversación sobre otros temas, añadió lo siguiente:

"Volvamos ahora al hombre que abrió la boca. Esto equivale a la mediumnidad usando el cuerno. En ambos casos la fuente es la misma. En la mediumnidad cornosa, la voz, aunque parece independiente del médium, está de algún modo ligada a la garganta y la laringe del médium. Por eso la voz del médium se traiciona y muestra su color. En realidad, la voz del clarín no es autónoma. Últimamente me he cansado."

Recibimos la siguiente comunicación de Myers, a través de Feda, el 24 de marzo de 1917, y me parece instructiva:

Lodge – ¿No puede Myers conseguir que algunos de mis amigos, hombres de ciencia, me envíen algo nuevo e importante? Hasta ahora solo hemos tenido las cosas clásicas. ¿Por qué no términos científicos?

Myers – A los hombres de ciencia (dijo Myers sonriendo) les resulta más difícil comunicarse a través de los métodos extremadamente limitados que todavía tenemos que a las personas que han desarrollado sus facultades en otros sectores.

Feda – Raymond dice "esto depende de ti, padre." Y el caballero que habló dice: "Espero que comprendas esta dificultad y" Sí, ciertamente lo entiendo.

Myers – Es más difícil captar hechos que simples manifestaciones poéticas o literarias. Estos se mueven más libremente, como algo flotando en la superficie de las olas (y su mano hizo un gesto sinuoso). Pero la producción de hechos científicos es dura, es difícil. Tendríamos que crear nuevos medios y métodos... (Feda no lo entiende bien). Sí, me explicaré mejor.

Tendríamos que establecer los medios, o un código, para una mejor comprensión mutua, de modo que la expresión en términos científicos, a través de médiums, no presente dificultades, como ocurre hoy. Tenemos que tomar como colador la cabeza del médium. Pocos tienen puesto este colador para colar lo que queremos. El médium absorbe y transmite con gran dificultad.

Lodge – Sí, pero cuando los asistentes son personas de cultura, pueden interpretar cualquier sugerencia.

Myers – Eso es lo que pienso (refiriéndose al código que recordaste), y espero que a través de ti podamos lograr algo.

También hay algunas observaciones de Raymond sobre los errores de transmisión:

Raymond – No sé cómo expresar esto, ya que es posible que no lo entiendas perfectamente. Quiero hablar de estos mensajes. ¿No notas en ellos muchas contradicciones y perplejidades? A mí me parece que sí. No sé si te diste cuenta de esto antes. Hubo un tiempo (o dos) en el que tú, padre, te habrías impresionado si no fueras quien eres. Mamá también lo sabe. Piensa en eso. Una de estas contradicciones y perplejidades ocurrió a distancia, otra más cerca de casa.

Lodge – He recibido mensajes atribuidos a ti, pero que no reconozco como auténticos.

Raymond – Especialmente en dos ocasiones vi a mi padre involucrado en condiciones que habrían puesto a prueba su paciencia, si no su fe.

Lady Lodge – Había uno donde me llamaban "Ángel Madre", y no admití que viniera de mi Raymond.

(En aras de la brevedad, parafrasearé el resto de lo dicho sobre este tema).

Es posible que otras condiciones no sean adecuadas. Hay una mezcla de guía y médium. Incluso cuando estoy presente hay una mezcla. Estoy buscando formas de superar esto. Hablo, pero la voz no es mía. El tono no es mío. Sería mejor que me dejaran en paz. Los guías son muy amables. No hablo inglés americano. ¿Hablo?

Lady Lodge – No. Sé que no usarías esa forma de hablar.

Raymond – Puedo verte a veces. Cuando tengo suficiente fuerza, puedo ver lo que es físico. La oscuridad parece ayudarme a ver.

De vez en cuando asisto a sesiones en las que hay asistentes impresionados con nuestro libro; normalmente llamo al libro de mi padre "nuestro." Cuando sé esto y me llegan los pensamientos de estas personas, suelo enviarles un mensaje.

En septiembre de 1916, antes que apareciera este libro, ocurrió un acontecimiento de cierto interés.

Hablando con Raymond, le pregunté cómo reaccionaría ante cierto nombre (que mencioné, sin darle ninguna otra indicación). Inmediatamente respondió "sí" y mencionó a un soldado de ese nombre, que había sido su ordenanza, citando detalles. Después dijo que esperaba que este hombre no le hubiera causado ningún problema, que le había dado algo de dinero, y que suponía que le iba bien. De hecho, diré que este hombre me había visitado recientemente y le había dado algo de dinero, diciendo: "Iba a ver a Raymond." Nunca esperé que Raymond fuera consciente de esto y señalara a la persona con tanta claridad. Son innumerables las peripecias reveladoras con las que Raymond sigue la vida de su familia, y se mantiene al tanto de lo que pasa en casa, de lo que hacemos, de nuestras enfermedades, de nuestras dificultades y de nuestras victorias. Su contacto con nosotros es permanente.

Otro caso. Raymond advirtió a Lady Lodge sobre un error de fecha en el monumento erigido en su honor en la iglesia de St. George, Edgbaston. A través de Feda declaró que un miércoles grabado allí en lugar de martes (lo cual era correcto, pues es un martes que corresponde al día del mes) no le irritaba, solo le divertía; pero que:

"Eso necesita cambiar. El defecto ha quedado registrado y permanecerá para siempre. Esto equivaldrá a la consagración de un error. Mi madre lo entiende", dice riendo.

(Reproduzco este memorial en grabado, donde se puede comprobar el error del día de la semana).

En la misma sesión que tuvimos con la señora Leonard, en Datshet, el 2 de abril de 1918, después de referirse con fines probatorios a varias personas, Raymond abordó un asunto no verificable; habló de cosas del "Más Allá", de las que últimamente no se había ocupado. Lady Lodge iba acompañada de una taquígrafa, de modo que lo que dice Feda parece más completo de lo habitual; y con esto concluyo este capítulo, que ya es muy largo.

Esto es lo que fue taquigrafiado, y lo doy por lo que vale. Raymond ya había hablado de varias personas cuando Lady Lodge lo interrumpió diciendo:

Lady Lodge - Raymond, cuéntame algo sobre tu vida.

Feda - (en voz baja) Parece estar hablando de esta gente. Le gusta hablar de estas personas porque surgen cosas que puedes comprobar.

Lady Lodge - Pensé que te gustaban las preguntas de los exámenes.

Feda - Es necesario, aunque tiene muchas ganas de hablar de la vida que lleva. Sabes que será bueno para otras personas si tomas nota de esto.

Él - espera un minuto -, está aprendiendo mucho últimamente. Aprendiendo, señorita Olive. Está aprendiendo tanto que ha adquirido furia por aprender.

Lady Lodge - ¿En libros?

Feda - No; en conferencias. Y después de las manifestaciones. Lo que más le gusta es ir a otros ámbitos. Le gusta eso. ¿Recuerdas la experiencia en este sentido que ya te han contado?

Lady Lodge - Perfectamente (ver capítulo XVI).

Feda - Estuvo allí muchas veces después de eso. Muchas, muchas veces.

Lady Lodge - ¿Ahora le resultará más fácil llegar allí?

Feda – "Ya dije que la primera vez no podía coordinar completamente mis ideas. La segunda vez fue mejor; sentí más dominio sobre mí mismo. Aprendí mejor. Pero la tercera vez tenía mucha confianza y me sentí tan confundido como la primera. Para llegar allí necesitamos prepararnos y permanecer en un estado de timidez, sin ninguna confianza en nuestra capacidad para soportar las cosas. Recibí muchas lecciones. Lecciones."

Dice que ha aprendido mucho, pero no encuentra palabras para comunicarlo a través de un médium. Todo le quedó claro: todo lo que sucede en el plano terrenal en relación con las religiones, lo justo y lo injusto y la elección entre una y otra. Muchas veces piensa que si pudiera regresar al plano terrenal, volaría por la vida. Y cree que si de vez en cuando la gente pudiera escucharse a sí misma, podría aprender mucho de lo que él aprendió. Pero cuando estas personas actúan en la Tierra, no van dentro de sí mismas, porque tienen miedo de tomar decisiones que vayan en contra de sus deseos. Ésta es la razón por la que los hombres no pueden elegir entre lo justo y lo injusto.

Encontró a muchos de sus amigos en la esfera en la que se encuentra, y le resulta admirable cómo se le aparecen tales amigos, observados desde diferentes puntos de vista. Algunos piensan una cosa; otros piensan lo contrario. Dice que está seguro que cuando les habla es como Raymond pensó al principio. No les habla con palabras, sino de alma a alma, de mente a mente. Si fuera con palabras, miles de nosotros no estaríamos dando mensajes diferentes.

Raymond dice: "Sé que muchos buscan demostrar que existen otros grandes maestros; y puede ser así; pero cuando entras en el mundo del espíritu, comprendes por qué no existe otro que Él.[9]

Raymond fue llevado un día a... No puede decir con palabras adónde lo llevaron, porque las palabras no expresan lo que quiere.

Recordarán lo que dijo sobre su viaje por las esferas hasta la séptima. Avanzó por una apertura del cuarto, quinto y sexto. El ambiente del séptimo era diferente hasta el punto de no poder soportarlo. Se

---

[9] Cristo.

sintió inseguro y perdió el control de sí mismo. La gente en la Tierra habla en otras dimensiones. Se sentía en otras dimensiones, con todo cambiado.

(Feda continúa):

No hace mucho, antes de la última sesión con Sir Oliver (no dijo nada al respecto porque nunca está seguro de poder explicarlo), Raymond hizo esta pregunta: "Si existe la séptima esfera, ¿qué existe más allá?" Y ellos le respondieron: "Solo Dios." Y preguntó: "¿Qué quieres decir con solo Dios?" Quería saber si fue Jesús o lo que podemos llamar la encarnación de Dios. Y ellos dijeron: "Como te enseñaron en el plano terrenal, Jesús es el Hijo de Dios, y el espíritu de Dios está con Él; no es Dios mismo, sino lo que le pertenece de Dios. Por eso Jesús se llamó a sí mismo Hijo de Dios y no Dios. "Quería entender su significado; lo esperaba con ansias; me dijeron que antes de ir a verlo debía esperar conferencias especiales al respecto. Van muy pocos, me dijeron.

Pero cuando asistí a conferencias en mi esfera, me di cuenta que ciertos conocimientos materiales y ciertas cosas mecánicas, que me habían interesado en el plano terrenal, me ayudaron a comprender lo que iba a ver en otras esferas. Mis hermanos pueden entender algo de esto; el resto, no.

Así me llevaron más allá de la séptima esfera. No se detuvieron en la séptima, fueron más allá y me dijeron que me concentrara y pensara en mí mismo como una mente, no como un espíritu. Me dejaron intentar hacer eso. Y que cuanto más lo experimentara, más fácil me resultaría pensar en mí mismo como un germen.

"¿Por qué no puedo ser yo mismo?" Yo pregunté.

Respuesta: "Sin preguntas, piensa en ti mismo como en algo muy pequeño. Como mente, solo; solo como poder de percepción." De hecho, ¡me dijeron que me considerara un huevo! No sabía cómo pensar que era un huevo me lo haría más fácil; pero cuando pensé así, comencé a ver que el momento, el vuelo, se me hacía más fácil. Y luego llegué a... no sé cómo decirlo. Llegué a lo que podría llamarse una esquina, como la de *Land's End* en Inglaterra. Entiendo por qué me dijeron que me considerara algo muy pequeño; porque fue un milagro que no fuera arrastrado hacia el Norte, el Sur, el Este y el Oeste al mismo tiempo. El aire parecía estar formado por ríos eléctricos, si es que era un río. Un río de electricidad o fuerza, que fluye a lo largo mismo tiempo en todas direcciones. Por un segundo fluyó de este lado; por un segundo más, fluyó de eso.

Mis sensaciones fueron extraordinarias; no me afligí, pero alcancé esa gran luz a la que ya me he referido, cuando en la séptima esfera estaba en presencia de algo que no podía aprehender, pero mi alma vio y comprendió que estaba en presencia del infinito. No tenía forma ni tamaño; no hacía frío ni calor. No era nada que la mente finita pudiera captar. Me sentí así mientras estuve allí, pero no lo siento ahora.

Estaba conmigo uno de los guías – no sé si ya se lo he dicho –, que me advirtió: "Mantente al mínimo", y vi que tenía que contraerme aun más.

No le pregunté al guía: "¿Qué fuerza es esta?", pero captó mi pensamiento y respondió: "Estás en presencia del infinito. Lo que sienten es la fuerza vital, que va de Dios a todas las esferas y alimenta el plano terrenal. Sin él, no habría nada vivo sobre la faz del globo. Ni animal ni planta, sin esta fuerza que ahora sientes."

Quería que fuera algo definible, algo que tuviera forma.

El guía dijo: "¿No entiendes que solo en el plano terrenal las cosas tienen formas definidas, de modo que sus mentes finitas puedan captar algo? Quizás se aprenda mucho más en el futuro. Pero es algo que está más allá de ustedes mismos. Es el infinito. Por eso no lo entiendes. "Mi mente no lo captó, pero mi alma sí; y el guía me dijo, sin que yo le preguntara nada: "Tu alma entiende porque tu alma es parte de esto. Solo con tu alma puedes entender esto. La mente no necesita preocuparse por las formas. Deja que tu alma se desarrolle y tu mente la seguirá paso a paso.

Lady Lodge – ¿Es esta fuerza todopoderosa? ¿No está el mal luchando contra ello?

Raymond – Aquí no.

Madre, aquí todos sabemos, todos los espíritus saben, que el mal es propio del plano terrestre y de otros planos inferiores, los astrales.

El Dios infinito está luchando contra el mal en los planos terrenal y astral. Y el Dios infinito debe ganar. El mal persiste en la Tierra porque viene de allí. Fue el yo físico inferior de los hombres el que lo creó; y cuanto más se desarrollen las almas, más se bastarán a sí mismas. Esta fuerza ayuda a las almas. Los conquistarás, pero no milagrosamente. Si el hombre no ve la lucha, no puede comprender la importancia de desarrollar el bien en el plano físico.

Por eso la guerra ha sido tan larga. Si la guerra hubiera terminado en los primeros meses, los hombres habrían vuelto a estar preparados para el mal; Inglaterra en dos años estaría nuevamente lista, y todos los demás países también.

Inglaterra aprendió una lección espiritual que nunca olvidará. Mi padre lo sabe y lo sabrá aun más. Mi padre y yo no hubiéramos hecho lo que hicimos si no fuera por la guerra. La guerra es la palanca que abre la puerta entre los dos mundos, luchando contra el mal y promoviendo el bien. Se ve horrible; pero si hubieras visto lo que yo vi, entenderías que el mal no es más que una pequeña mota en una inmensa superficie de blancura.

Feda – Está perdiendo fuerza.

Ésta es solo una de las cosas: ya ha aprendido mucho. Has aprendido mucho sobre esta fuerza y cómo se utiliza. "Es una fuerza tan real como la electricidad, díselo a mi padre."

Capítulo XX Explicaciones y respuestas

Aprovecho la oportunidad de esta nueva edición para hacer una breve explicación, o comentario, que aborde ciertas objeciones de la crítica razonable, la que dedica algo de tiempo al libro y trata de comprender su significado real.

El principal objetivo de una obra como ésta es llevar consuelo a las personas afligidas, especialmente a las afectadas de corazón por la guerra. No recomiendo que todos visiten a médiums ni que realicen investigaciones psíquicas por su cuenta. Quien lo haga deberá hacerlo bajo otra responsabilidad que la mía. Cuando personas cuerdas, influidas por motivos aceptables y con buenas intenciones, desean, con la esperanza de aliviarse de las penas, adquirir su propia experiencia al respecto, es natural que las ayudemos; pero sería inapropiado aconsejarlo a diestra y siniestra o a personas que nos son desconocidas. Y a muchos incluso se les debería disuadir de seguir este camino.

Sin embargo, un número considerable de afligidos recibieron consuelo, muchos de los cuales nunca antes habían prestado la más mínima atención al asunto. Personas que realmente sufren han sido guiadas y llevadas de forma anónima a médiums acreditados, a través de los cuales han entrado en contacto con sus amados muertos. Los casos son numerosos y notables. Y la consecuencia ha sido una fuerte acumulación de evidencias a favor de la realidad de los fenómenos y la fuerza de los médiums, quienes, sin saber nada de la vida de sus visitantes, logran penetrar en ella hasta el nivel más íntimo. Sería absurdo suponer que personas que nunca han puesto un pie en casa de un médium serían reconocidas por éste; y, además, que todo extraño que los visite ya quede registrado en su conocimiento.

Los mejores médiums son generalmente criaturas sencillas, personas honestas, deseosas de utilizar el don que les distingue como alivio para quienes sufren. En ocasiones, aparecerán individuos con pretensiones de poderes que en realidad no poseen, o que fraudulentamente los simulan; pero si son defraudadores, por supuesto que no son médiums, y a eso me refiero. Si gente inexperta cae en manos de charlatanes, de esos que se anuncian en la calle a través de "sándwiches", claro que se merecen lo que les pasa.

Por otra parte, no siempre encuentro personas afligidas bien predispuestas a la convicción. Algunos son; otros afrontan el problema de forma descuidada y sin prestar atención; pero es un error suponer que quienes realmente intentan convencerse a sí mismos son fáciles de convencer. Al contrario: siempre los veo muy alertas, críticos y cautelosos. La ansiedad que sienten también les hace desear no engañarse a sí mismos en asuntos de tan vital importancia. E incluso cuando obtienen una buena muestra de evidencia, a menudo dan marcha atrás y vuelven a caer en el escepticismo. Me llevó muchos años de experiencia aceptar el conjunto de pruebas que reuní como finalmente concluyentes.

Respecto al caso especial de mi hijo Raymond, tuve numerosos contactos y conversaciones con él; pero la necesidad de comunicarse pasó. Aun persiste el deseo de reunir evidencia científica; pero ahora que he comprobado que ha sobrevivido, las comunicaciones con Raymond son plácidas, como misivas ocasionales de un amigo ausente. Raymond; sin embargo, ha logrado devolver con sus padres a varios jóvenes que conoció antes de su muerte, y el peso de las pruebas recogidas ha aumentado con este nuevo contingente. Mi esperanza es que más adelante, cuando las religiones acepten la posibilidad de esta intercomunicación, nadie necesitará mensajes específicos para asegurarse de la supervivencia y bienestar de los seres queridos. Espero que se acepte universalmente que, dadas las mismas circunstancias, lo que prueba a uno, prueba a todos. No se debe pasar por alto; sin embargo, que en casos individuales la ayuda y el consuelo llegan directamente, personalmente, sin ningún esfuerzo excesivo y sin recurrir a la precaria mediación de terceros.

El poder mediúmnico, la sensibilidad o lo que sea, parece mucho más común de lo que el mundo piensa. En la mayoría de las familias habrá uno u otro miembro capaz de ayudar a los demás en este sentido. Al principio son necesarias pruebas cuidadosas, como lo fueron para muchos conocimientos que hoy están fuera de toda duda (como, por ejemplo, la posición de la Tierra en el sistema solar). Pero cuando un hecho o una doctrina se vuelven universalmente aceptados, no es necesario en absoluto que cada estudioso vuelva sobre su propio camino hacia la convicción. La inercia de la mente humana y del cuerpo social es considerable: las creencias bien fundadas tardan mucho en entrar, y las creencias infundadas tardan mucho en desaparecer; sin embargo, los períodos de ansiedad, duda y controversia no duran toda la vida. Representan una fase que tenemos que superar.

Objeciones administrativas

Una dificultad sentida por todos – por todos los que desean el consuelo de la evidencia psíquica –, es la actitud de la Iglesia a este respecto, y el temor que se trate de una entrada en terreno prohibido. No pretendo aquí socavar el punto de vista eclesiástico, que es realmente importante, dada la enorme influencia de la Iglesia. Pero debo decir que la Ciencia no puede prestar atención a los órdenes eclesiásticas del momento; su función es examinar, y no concedo que ningún campo de investigación, en nombre de cualquier autoridad, pueda legítimamente negarse a la ciencia.

A menudo la acusación eclesiástica es que los fenómenos psíquicos son obra del diablo, y se nos pide que digamos cómo demostramos lo contrario. La respuesta a esto es muy antigua: "a través de sus frutos." En la Epístola a los Gálatas, v. 22-23, San Pablo da una larga lista de los frutos del espíritu. Con esto; sin embargo, no quiero decir que no se deban tomar precauciones y que todo lo que se correlacione con la psiquis sea algo bueno: no considero que ninguna actividad humana sea enteramente buena. La propia Ciencia puede prostituirse ante el mal, como nos ha demostrado la guerra. Todo lo humano puede ser usado o abusado. Para responder a las objeciones clericales me vería obligado a repetir tópicos; tales objeciones son indignas de religión; simplemente huelen a profesionalismo. Los sacerdotes de todos los tiempos siempre han estado dispuestos a atribuir al poder de Belcebú todo lo que los hombres hacían sin su consentimiento. El obispo de Beauvais denunció las voces de Juana de Arco como satánicas. El diabolismo es una acusación muy antigua; y a la luz de la historia, nada halagador para el mundo eclesiástico. No tengo otra respuesta.

Objeciones contra el fondo de las comunicaciones

En cuanto al fondo de las comunicaciones recibidas del "otro lado", la mayor dificultad es explicar la similitud entre las condiciones del "Más Allá" y las de la Tierra; y surge la pregunta: ¿Cómo es esto posible? Mi respuesta es sencilla: probablemente por la identidad del observador. No dogmatizo, pero razono que en cuanto a la personalidad humana sigue siendo la misma, su poder de interpretación será el mismo que solía ser aquí. En consecuencia, si interpretamos nuestro mundo material de cierta manera, interpretaremos un mundo etéreo de la misma manera, siempre a través de sentidos que solo diferirán en detalles.

El mundo exterior, tal como lo percibimos, depende de nuestros poderes de percepción e interpretación. Asimismo una pintura, o cualquier obra de arte. La cosa en sí – cualquiera que sea el significado de esto –, tal vez nunca la sepamos. Admito que la proposición constituye una dificultad, pero la evidencia de este punto ha sido establecida desde Swedishborg: el "otro mundo" siempre será representado como extraordinariamente similar al nuestro; y aunque esto induce al escepticismo, admito que corresponde a alguna realidad. Este otro mundo parece consistir en la contraparte etérea de éste. O mejor aun: hay un solo mundo, del cual nosotros vemos el aspecto material y ellos ven el aspecto inmaterial. La razón de esto será la similitud o identidad del observador. Un sistema nervioso interpreta o presenta al espíritu cada estímulo procedente del exterior en la forma específica a la que está acostumbrado, cualquiera que sea la naturaleza real de ese estímulo. Un golpe en el ojo o una presión en la retina se interpreta como luz; la irritación del nervio auditivo se interpreta como sonido. Esto significa que solo podemos interpretar las cosas de una manera más o menos habitual.

Entremos en detalles. La acusación que admitimos fumar y beber, como está de moda entre los habitantes del otro mundo, nos parece profundamente injustificada y falsa. Una cita sacada de contexto suele dar lugar a errores. Lo que mi libro revela implica claramente que ellos, en el Más Allá, no ocupan su tiempo con esto; incluso si esto es algo natural en el medio ambiente. El sentido común basta para interpretar el caso. Si hay comunidades allí, por supuesto que no serán fijas ni estacionarias, recibirán constantemente nuevos elementos. Se representa a mi hijo diciendo que cuando llegan nuevos elementos y todavía están aturdidos, apenas reconocen dónde están; y que piden todo tipo de cosas - todavía muy influenciados por los deseos de la Tierra. Ahora bien, o estoy muy equivocado o esto es una lección ortodoxa: los deseos de las personas, los sentimientos sensuales pueden persistir y convertirse en parte de su castigo. Sobre el tema, alguien me envió una cita del Diario espiritual de Swedishborg, vol. 1, párrafo 333:

"Las almas de los muertos toman su naturaleza del cuerpo y, por tanto, continúan juzgándose a sí mismas en el cuerpo. Manifiestan deseos y apetitos, como el de comer y otros; para que estas cosas del cuerpo queden impresas en el alma. Así las almas conservan la naturaleza que toman del mundo; y solo con el paso del tiempo la pierden."

Expresé la misma idea de otra manera en el capítulo sobre la Resurrección del Cuerpo, al final de este libro. La crítica que se hace a estas alturas resulta perversa y no tiene más excusa que la estupidez. Críticas relacionadas con acusaciones de culto diabólico y nigromancia.

Imaginemos una reunión de sacerdotes en algún retiro, donde se dedican a la meditación y a las buenas obras; e imagine a un viajero que llega y, confundiéndolo con un hotel, pide whisky y refresco. ¿Podría esto significar que en ese retiro todos se entregan a la bebida? ¿No revela exactamente lo contrario la forma en que los que están en retiro reciben la sugerencia del whisky? El libro dice que para "desadictos" a estos recién llegados la política no era prohibir – lo que solo irritaría el deseo –, sino actuar de una manera que satisfaga moderadamente al adicto hasta que se dé cuenta de la situación y la corrija él mismo – lo que ocurre en muy poco tiempo.

Acepto o no la exposición de Raymond, contenga o no algún elemento parabólico, no veo en ella nada de carácter despectivo, y el proceso de "desadicción" me parece el Otuot más sensato. Juegos y canciones antes mencionados, con la crítica que los "espíritus perfectos" no pueden cometer tales vulgaridades, ni siquiera en momentos de descanso. A esto respondo que puede ser justo cuando se alcanza la perfección o la santidad, pero no es un asunto en el que yo pueda ser juez. Los juegos y ejercicios son actividades beneficiosas aquí en nuestro mundo, incluso para las criaturas más perfectas; y no veo por qué no les pasaría lo mismo a los jóvenes que "espantan." Observo que pocas personas se dan cuenta de lo que implica la persistencia del carácter individual. Por supuesto, la mayoría de las personas, tanto en esta vida como en la próxima, forman un promedio, de ninguna manera compuesto por santos o demonios. La enseñanza eclesiástica cometió un error fatal al hacer creer al mundo que el acto de la muerte convierte al diablo en santo. El progreso y el desarrollo constituyen la gran ley del Universo. La evolución es siempre gradual. Los jóvenes abatidos en las trincheras, por muy buenos que sean, no se convierten en santos simplemente pasando al otro mundo. Es ridículo tratarlos como "espíritus perfectos." No nos apartemos del sentido común y tengamos presente la continuidad de la existencia y la identidad personal. La muerte no convierte a una criatura en un ser completamente diferente. El ambiente allí será más feliz, más placentero y mejor que el de la Tierra; pero una transición repentina a la perfección no es algo propio de seres de nuestro tipo. Por lo tanto, es muy poco probable que la experiencia de todos en el otro mundo sea la misma: los pocos santos de nuestra especie deben tener una experiencia completamente diferente, y los sinvergüenzas, lo mismo. Nunca entré en contacto ni con uno ni con el otro. Hay muchos grados, muchos estados del ser, y cada criatura va al lugar que le corresponde.

Los críticos ortodoxos se preguntan si las personas malas que hacen penitencia van al cielo. Responderé: ¡No! Según las revelaciones, van al paraíso, que es otra cosa. Hay referencias a una especie de jardín edénico, no lejos de la Tierra. Por lo que he deducido, los escritores antiguos juzgan este lugar, o este estado, no muy diferente de lo que aparece en este libro bajo el nombre de "*Summerland.*"

Contra esto, alegarán que Jesús no podría hacer allí una pasantía, ni siquiera temporal, ya que es un lugar intermedio y comparativamente bajo. Pero no veo ninguna razón por la que Él deba eximirse de cualquier condición adecuada al hombre. Sería más lógico admitir que no se prescindió de ninguno de ellos. Basándose en el Credo (que, supongo, los críticos clericales todavía aceptan), la ortodoxia sostiene que Cristo descendió a los infiernos, ciertamente con fines misioneros. Las revelaciones dicen que durante cuarenta días permaneció en contacto con la Tierra, presumiblemente en el estado llamado "paradisíaco", comunicándose ocasionalmente o apareciéndose a los vivos. En un estado, por tanto, de humanidad en transición. Y solo después de estos cuarenta días, para nuestro beneficio, ascendió a un estado superior, un estado que ni los ladrones arrepentidos ni los jóvenes soldados, por muy dignos que sean, alcanzan. Con el lento paso del tiempo, eso sí, podrán progresar hasta allí.

Mientras tanto, te sentirás más feliz y más como en casa en el paraíso. Allí permanecen más cerca de la Tierra, no completamente separados de sus seres queridos y en condiciones de ayudarles eficazmente. No se trata de caer en una indolencia letárgica. Con los golpes de su energía joven y fortalecidos por el amor que para ellos, como una bendición, surge de la Tierra, la barrera entre los dos mundos, o los dos estados, está siendo violada y destruida. Una legión de trabajadores diligentes construye un puente que nos abre el camino a través del abismo. Las comunicaciones entre ambas partes son más frecuentes y fáciles hoy que en el pasado. Y con el paso de los años veremos que todas nuestras aflicciones y dolores actuales habrán tenido un efecto beneficioso para la humanidad.

¡Que así sea!

Capítulo XXI Significado de la palabra muerte

"Y la vida, todavía adornando flores para que las use la muerte."

Rossetti

Sea lo que sea la vida, para nosotros es una abstracción: porque esa palabra constituye un término general indicativo de algo común a todos los animales y plantas, pero que no existe directamente en el mundo inorgánico. Para comprender la vida tenemos que estudiar los seres vivos y ver qué tienen en común. Un organismo está vivo cuando ama la materia de una manera especial y utiliza la energía para sus propios fines, especialmente el crecimiento y la reproducción. Un organismo vivo, aunque permanece vivo, defiende su complicada estructura contra el deterioro y la desintegración.

La muerte significa el cese de esta influencia controladora ejercida sobre la materia y la energía, de modo que las acciones físicas y químicas reanuden su curso. La muerte no es solo la ausencia de vida; esta palabra significa la salida o separación de la vida - el acto de este principio abstracto que llamamos vida separada del residuo concreto. Y la palabra muerte solo se aplica a las cosas que viven.

La muerte, por tanto, puede considerarse una disociación, una disolución, una separación entre el ente controlador y la sustancia físico-química de un organismo; una separación entre el alma y el cuerpo.

La muerte no significa extinción. Ni el alma ni el cuerpo se extinguen; es decir, dejan de existir. El cadáver pesa tanto como cuando estaba vivo; en el momento de la muerte solo pierde sus propiedades potenciales. Así también, todo lo que podamos decir del principio vital que lo animó es que ya no anima a ese organismo material: si ese principio vital conserva su actitud o no, solo nuevos estudios podrán informarnos.

La forma visible del cuerpo no fue casualidad; correspondía a una realidad, porque era causada por la presencia de la fuerza vivificante; y el afecto entrelaza inevitablemente no solo la verdadera personalidad del difunto, sino también lo que constituye su vehículo material: signo y símbolo de tanta belleza y amor. Los símbolos hablan al corazón humano y cualquier cosa querida y honrada se convierte en algo de valor intrínseco, que no puede ser mirado con indiferencia. Las viejas banderas de un regimiento al que los hombres sacrificaron sus vidas - aunque cambiadas por otras nuevas -, no pueden retirarse sin sufrir dolor. Y las personas sensibles que contemplan tales reliquias sienten algún eco del pasado y quieren conocer su historia.

Cuando decimos de un cuerpo que está muerto, podemos estar hablando correctamente. Pero cuando decimos que una persona está muerta, nuestra expresión se vuelve ambigua, porque la referencia solo podría ser al cuerpo de esa persona y solo en ese caso estaremos en lo cierto. Pero si también se hace referencia a la personalidad, al carácter, a lo que realmente constituyó a esa persona, en este caso la expresión "está muerto" sufre restricciones. La persona ya no está, falleció; "ha atravesado el cuerpo y se ha ido", como dice Browning en *Alt Vogler*, pero no está muerto en el sentido en que aplicamos la palabra muerte al cuerpo. ¿Es precisamente esta ausencia de personalidad la que permite que el cuerpo muera, se disuelva? La personalidad misma no está sujeta a disolución. Al contrario, se emancipó del cuerpo; se liberó del peso de la materia, aunque con el desprendimiento de la carne perdió las potencialidades terrenas que le otorgaba el mecanismo corporal; y si esta personalidad aun puede actuar en la Tierra, será con dificultad y mediante la cooperación de quienes aun no se han separado del cuerpo. A veces una personalidad así puede poner en acción mecanismos energéticos adecuados; pero el mecanismo que alguna vez fue suyo se ha perdido: continúa existiendo, pero fuera de acción, muerto.

La costumbre es llamar muertos a quienes han perdido sus cuerpos materiales. Ya no los consideramos vivos, porque en el lenguaje común solo están vivos aquellos que todavía están asociados con el cuerpo material. Es en este sentido que colectivamente hablamos de estas personalidades como "los muertos."

No debemos tener miedo de la palabra, ni dudar en su uso, cuando quienes nos escuchan la reciben en este sentido limitado. Si las ideas asociadas con la palabra "muerte" fueran siempre sensatas y cuerdas, no tendríamos motivos para hablar de la muerte con intensidad. Pero el pueblo, y también los sacerdotes, siempre la utilizaron tan mal, asociándola solo a los hechos físicos del cuerpo abandonado por la personalidad, que esto permitió, durante un tiempo, sustituirla por otras expresiones menos ambiguas, como como "transición" o "paso." El cambio sigue siendo válido hoy como protesta contra la política de limitarnos a gusanos, tumbas y epitafios, o contra la idea de una resurrección general con la vuelta a la vida de todos los cuerpos enterrados. A estas supersticiones se opone la afirmación que "la muerte no existe."

Por supuesto, familiarmente hablando, la muerte existe y no tendría sentido negar un hecho. Pero nadie pretende negar los hechos; quienes afirman que no existe la muerte solo quieren desviar el pensamiento de un aspecto en el que ya se insiste mucho y colocarlo en el otro lado: el que concierne a la personalidad. Lo que significa la expresión "no hay muerte" es que no hay extinción. El proceso de la muerte no es más que una mera separación entre el alma y el cuerpo, y con esto el alma liberada del cuerpo gana más de lo que pierde. Solo el cuerpo muere y se desintegra; pero ni siquiera para él hay extinción: hay cambio. En cuanto a la otra parte, la personalidad, difícilmente admitiremos cambios – excepto en lo que respecta al entorno. Es muy improbable que el carácter y la personalidad estén sujetos a revoluciones o mutaciones repentinas.

Es posible que difieran debido a diferencias en las oportunidades, pero en el momento actual siguen siendo los mismos. Como una curva: la curvatura cambia, pero sin discontinuidad.

La muerte no es una palabra que deba temerse, así como tampoco se debe temer la palabra nacimiento. Cambiamos de estado al nacer, entrando en un mundo de aire, sensaciones e innumerables existencias. En la muerte también cambiamos de estado, entrando en un mundo de... ¿de qué? Del éter, creo, donde tendremos la sensación de existencias aun más numerosas. Hemos entrado en una zona donde la comunión entre los seres debe parecerse a lo que llamamos telepatía, y donde la relación de los seres no es de la misma manera que nuestro físico; una zona donde la belleza y el conocimiento se experimentan más que aquí; región donde el progreso es posible y donde hay más "admiración, esperanza y amor" que aquí. Y en este sentido podemos decir, con Tennyson: "Los muertos no están muertos, sino más vivos."

La vida es continua y las condiciones de existencia en conjunto siguen siendo las mismas que antes. Las circunstancias cambian para el individuo que lo merece, pero solo en el sentido de hacerlo capaz de acceder a un grupo diferente de hechos. El cambio ambiental es subjetivo. Estos hechos diferentes siempre han existido, como las estrellas que están en el cielo a plena luz del día, pero fuera de nuestra percepción. Con el "pasaje", estos nuevos hechos entran en nuestra percepción – y los viejos hechos se pierden en nuestra memoria.

El universo es uno, no dos. Literalmente, no existe "otro mundo." Excepto en el sentido restringido en que damos el nombre de mundo a otros planetas, no existe otro mundo. El Universo es una unidad. En Él existimos continuamente, para todos los tiempos; a veces consciente de cierta manera; otras veces, consciente de otra manera. Desde hace algún tiempo, consciente de un grupo de hechos; luego, consciente de otro grupo de hechos: los hechos del "otro lado." Pero esta división en "bandos" es meramente subjetiva. Seguiremos siendo la misma familia, mientras persistan los lazos de afecto. Y para quienes valoran la oración, dejar de orar por el bien de nuestros amigos solo porque con la muerte se han vuelto materialmente inaccesibles – aunque, tal vez, espiritualmente se hayan vuelto más accesibles –, es sucumbir al peso residual de viejos abusos eclesiásticos y perder la oportunidad de un buen servicio.

Capítulo XXII El problema de la existencia.

"Siéntate ante un hecho con actitud de niño pequeño, prepárate a abandonar todas las ideas preconcebidas; ve humildemente dondequiera que estés, a cualquier abismo que te lleve la Naturaleza."

Huxley

A muchas personas les resulta difícil creer en la realidad de la existencia continua. También es difícil creer o comprender la existencia en lo que llamamos "el otro mundo"; pero si reflexionamos sobre este punto, estaremos de acuerdo en que es igualmente difícil creer en la existencia en este mundo nuestro, o que es difícil creer en la existencia en general. El problema de la existencia siempre ha sido fuente de perplejidad. De ninguna manera puede establecerse *a priori*. Todo es cuestión de experiencia; es decir, de evidencia. Por experiencia sabemos que tales cosas existen realmente; pero no podemos saber cómo surgieron, por qué existen y en qué se convertirán. No conozco las razones para admitir que solo existen cosas que nos son familiares, excepto declarar que no tenemos experiencia de las demás. Y aquí está la cuestión en debate: ¿tenemos pruebas evidentes, directas o indirectas, de alguna otra forma de existencia además de la nuestra? Si la tenemos, sería inútil sugerir la dificultad de creer en la realidad de tal existencia. Solo los hechos deberían guiarnos.

En la etapa actual de la historia de la Humanidad, pocos hechos científicos están mejor establecidos y más ampliamente aceptados que los principales hechos de la Astronomía: el conocimiento de los tamaños y distancias de los campos celestes y la enorme cantidad de sistemas solares distribuidos por el espacio.

Sin embargo cuando una vez que estos hechos se comprenden bien, se nos revelan como increíbles y más allá de los poderes de la imaginación humana. El Sol, un millón de veces más grande que la tierra; Arcturus, cien veces más grande que el Sol y tan distante que la luz, a pesar de su asombrosa velocidad, tarda dos siglos en llegar desde allí hasta aquí. Hechos como estos se encuentran en un nivel elemental, pero exceden nuestra capacidad imaginativa.

El hecho que la Tierra sea una mota invisible para cualquiera que intente verla desde una estrella, así como el hecho que la Tierra sea solo uno más entre la innumerable multitud de mundos, debería hacernos comprender la profunda nihilidad de un concepto de existencia basado en únicamente en la familiaridad con el entorno que nos rodea – la calle, el tranvía, la oficina –, y también abrir nuestros ojos a las proporciones entre nuestra experiencia cotidiana y la realidad mayor. La guerra misma, esta, para nosotros, tremenda lucha en la que estaba involucrado el mundo, ¿qué es sino una pelea de hormigas a la luz de millones y millones de soles?

Sin embargo, hay que tener en cuenta el valor infinito y la importancia vital de cada alma humana. Y este es otro hecho muy importante, porque en lugar de restringir las posibilidades de existencia, las aumenta aun más. La multiplicidad, la magnificencia y la proteanidad de la existencia material no aplastan el alma humana; al contrario: ilumina y amplía el escenario en el que se desarrolla el drama humano; y debe permitirnos comprender cuánto mayores pueden ser nuestras posibilidades en el curso infinito del desarrollo.

El hecho que todavía no sepamos nada sobre estas posibilidades no significa nada. Si no llegara la noche, ignoraríamos las estrellas. Solo después que termina el trabajo del día y ha desaparecido el Sol, llega a nosotros la grandeza del mundo estelar que llama nuestra atención. E incluso de noche, una ligera niebla es suficiente para que no tengamos la sensación de ningún otro mundo que el que vivimos. Si esta niebla fuera permanente, ¡qué mezquino sería nuestro concepto del Universo! A menos que imaginemos tontamente que nuestras circunstancias ya nos han permitido conocer la totalidad de la existencia, me atrevo a decir que "miserablemente mezquino y limitado" debe ser una descripción verdadera de nuestro concepto del Universo – incluso si ese concepto proviene de aquellos que, sin ante cualquier duda, avanzan hasta donde los hechos lo permiten.

Porque en realidad la experiencia humana es tremendamente mínima. No podemos ser conscientes de nada más que de un único momento en el tiempo. El destello fugaz de lo que llamamos presente es todo lo que podemos aprehender directamente del mundo exterior. El regalo: instantánea fotográfica. Pero la realidad de nuestra existencia va mucho más allá. Solos y aislados, el presente no tendría sentido para nosotros; y miramos hacia atrás y hacia adelante, antes y después. Nuestra memoria está llena del pasado; nuestra imaginación se proyecta hacia el futuro; vivimos entre el pasado y el futuro. Lo mismo ocurre con los animales con un desarrollo más avanzado: ellos también ordenan su vida en base a la memoria y la anticipación. Se basa en la anticipación que el mundo animal realiza sus actos conscientes más triviales. Comemos, descansamos, trabajamos... todo ello con la vista puesta en el futuro inmediato. La experiencia del pasado y la expectativa del futuro son las que guían, controlan y determinan el momento presente. Sin ninguna idea del futuro, nuestra existencia sería meramente mecánica y sin significado alguno.

No hay nada más natural, por tanto, que la Humanidad, elevándose por encima de la simple animalidad, busque respuestas a las preguntas relativas a su origen y destino, y observe con gran interés todos los términos del problema de "dónde" y "hacia dónde."

Puede suceder, como tantas veces ocurre, que nos excedamos en la medida justa y, llevados por un interés exagerado por el futuro, perdamos el beneficio de la formación en la vida presente. Pero aunque resolvamos vivir plenamente en el presente, cumpliendo con todos nuestros deberes, aun así, y si queremos hacer honor a la inteligencia humana, debemos seguir siendo conscientes que hay un futuro, un futuro determinado de alguna manera por el presente; y es razonable que intentemos investigar, lo mejor que podamos, cuál es ese futuro.

La investigación de la supervivencia, o la experiencia que seguramente tendremos que comenzar de un momento a otro, constituye por tanto una actividad eminentemente saludable y capaz de consecuencias vitales. Este estudio puede influir en todas nuestras acciones y dar un significado vívido tanto a la historia humana como a nuestra experiencia individual.

Si la muerte no es el fin, entonces la actividad mental debe continuar en el otro lado, en interacción con otras actividades mentales. Disponemos en la Tierra del hecho de la telepatía para demostrar que los órganos corporales no son absolutamente esenciales para la comunicación de ideas. La mente actúa directamente sobre la mente y la estimula a reaccionar por medios distintos de los materiales. El pensamiento no pertenece a la región material, a pesar de ejercer influencia sobre esta región a través de un mecanismo suministrado por la vitalidad. La forma en que esto sucede todavía nos es esencialmente desconocida, y el hecho que esta interacción sea posible nos parecería muy extraño si no estuviéramos tan acostumbrados a ello. Ahora bien, es razonable admitir que la mente debería estar más tranquila, más en casa y parecer más exuberantemente activa cuanto menos necesite esta interacción entre lo físico y lo psíquico – o entre lo mental y lo material; es decir, cuando se elimina la influencia restrictiva de los nervios y el cerebro y las limitaciones espaciales del cuerpo ya no existen.

Pero solo la experiencia debe ser nuestra guía.

Capítulo XXIII Acción recíproca entre mente y materia.

"Spiritus intus alit, totamque infusa per artus Mens agitat molem, et magno se corpora miscet."

Virgilio, "Eneida"

La vida, la mente y la conciencia no pueden confundirse con la materia; sean lo que sean, se muestran como algo distinto de la materia y de la energía, a pesar de utilizar y dominar lo material.

La materia se ordena y se mueve mediante la energía y, a menudo, mediante la influencia de la vida y la mente. La mente en sí misma no ejerce fuerza, ni entra en el plano de la física, pero determina indirectamente resultados que no ocurrirían sin ella. Determina movimientos y disposiciones, o construcciones, de carácter preestablecido. Un pájaro produce su pluma y también produce su nido: dudo que haya menos diseño en un caso que en otro. Aunque es un hecho de observación elemental, la acción de la vida en la materia es un misterio. Desde mover un dedo hasta construir un avión no tenemos más que una sucesión de pasos. Desde el crecimiento de una pequeña planta hasta el vuelo de un águila, desde el gránulo de levadura, en un extremo, hasta el cuerpo humano, en el otro, es notable el poder organizador que la vida ejerce sobre la materia.

¿Quién dudará de la supremacía de lo espiritual sobre lo material?

Es un hecho de las consecuencias más portentosas.

Si la acción recíproca entre la mente y la materia realmente ocurre, y si la mente y la materia son entidades persistentes, no hay límites a las posibilidades de esta interacción – límites predecibles –, y solo podemos ser guiados e informados por la experiencia.

Que los resultados producidos se consideren milagrosos o no depende de nuestro conocimiento; a partir del conocimiento de todas las fuerzas latentes de la Naturaleza y de todas las inteligencias que existen, el primer contacto de un salvaje con el hombre civilizado le da la impresión de estar encantado con lo sobrenatural. Una carta, un rifle, incluso un par de dentaduras postizas, crean superstición; y un telegrama es manifiestamente milagroso incluso para personas lo suficientemente inteligentes como para captar la maravilla. Una colmena de abejas, que no se vea afectada por la interferencia humana, podría, si tuviera suficiente inteligencia para considerar el asunto, maravillarse ante el esplendor de su propio funcionamiento. Así también las criaturas humanas; si tienen la inteligencia necesaria para considerar los hechos, se ven inducidos a reconocer una orientación y, como resultado, asumen una actitud religiosa. En otras palabras: reconocen la existencia de un poder por encima de la Naturaleza ordinaria, un poder que con propiedad puede llamarse sobrenatural.

Significado del término "cuerpo"

La experiencia común de los "cuerpos" nos muestra que están compuestos de partículas derivadas de la tierra, ya sean cuerpos animados de vida vegetal o animal. Pero creo que el verdadero significado del concepto "cuerpo" es un medio de manifestación, un modo físico de manifestación adoptado por algo que, sin este instrumento u órgano, sería algo diferente. ¿Por qué decimos a menudo que los cuerpos están hechos de materia? Ciertamente porque no conocemos nada más que pueda constituir cuerpos; pero la deficiencia de conocimiento no es un argumento. De hecho, si los cuerpos estuvieran hechos de otra cosa que no fuera materia, no serían perceptibles para nosotros; es decir, perceptibles para los sentidos que la evolución ha desarrollado en nosotros; estos sentidos solo nos informan sobre la materia y sus propiedades. Las construcciones o los cuerpos hechos de éter no caerían bajo nuestra percepción, no serían aparentes; y no serían lo que ordinariamente llamamos cuerpos; para satisfacer nuestras demandas actuales, los sentidos son necesarios. Para volverse aparente a nuestros sentidos, una entidad psíquica o vital debe penetrar el reino de la materia; tiene que vestirse de partículas materiales o asimilarlas temporalmente.

Puede ser que los cuerpos etéreos no existan; la tarea de la prueba recae sobre quienes admiten su existencia; pero debemos estar de acuerdo en que incluso si existen, no pueden impresionar nuestros sentidos. Si los seres desencarnados impresionan nuestros sentidos, debe ser porque, con la ayuda de alguna facultad mediúmnica, ocasional y excepcionalmente interactúan con la materia común, o sufren lo que llamamos materialización. Pero si hay inteligencia en otro plano de existencia distinto al nuestro, y si nos es posible admitir que tienen cuerpos, estos cuerpos deben estar hechos de éter o de algo intangible para nosotros.

Podrían decir que lo intangible debe ser invisible e incapaz de ser fotografiado. Así será, pero esto no es cierto, porque la luz es un fenómeno etéreo. El éter, o el éter y la luz, pueden interactuar; pero la interacción entre el éter y la materia sigue siendo particularmente difícil de alcanzar. Esta interacción solo se produce a través de una carga eléctrica; y lo que concierne al éter aun no lo conocemos, por intangible e ilusorio que sea, podemos saber que el éter es una sustancia – quizá incluso más sustancial que la materia –, que podría ser una modificación del éter; y una organización sensorial diferente puede hacer que el éter eclipse la materia. En mi libro *El éter del espacio* estudio esta tesis desde un punto de vista puramente físico.

No deseo; sin embargo, hacer ninguna afirmación categórica sobre el posible uso psíquico del espacio. Todo en este asunto es meramente especulativo; los cuerpos que conocemos por ahora son los materiales, y tengo que ceñirme a los hechos. Esto no quiere decir que cerremos las puertas a otras posibilidades; y tenemos que recordar el que escritores de gran inspiración consideran cuerpos espirituales. Creo que la verdad está con ellos y sugiero que tales cuerpos podrían convertirse en realidades físicas, aunque no de naturaleza material o molecular. Esto significa que nuestro yo trascendental podrá asociarse permanentemente con el éter, para una vida de actividad e inter comunión, tal como ahora está momentáneamente asociado con la materia. Y además: sostengo que ya estamos asociados con el éter, aquí y allá, y solo nos queda despojarnos de nuestra ropa material para emanciparnos de la carne y entrar en una fase superior de existencia, por lo que nuestro actual encarcelamiento y conflicto con el material es solo preparatorio.

Capítulo XXIV Resurrección del cuerpo

"El espíritu nunca nació; el espíritu nunca dejará de ser."
Edwin Arnold.

En el desconocido drama del alma, el episodio de la existencia corporal debe tener un significado profundo. La materia no puede ser únicamente obstructiva, incluso si la obstrucción estimula el esfuerzo y trae progreso, como en una carrera de obstáculos. También debe ser asistente. Cualquiera que sea el caso de la materia externa, el cuerpo es ciertamente una ayuda, mientras goza de salud y vigor; y dará oportunidad para el desarrollo del alma a través de caminos nuevos e inesperados, caminos solo posibles en la vida terrenal. Esto es lo que hace que la vida sea demasiado corta y sea algo malo.

Evitemos entristecernos excesivamente por el drama de nuestros días. Puede ser que el entrenamiento intenso y el afrontamiento valiente del destino que en muchos casos acompañan a la entrada voluntaria en una guerra peligrosa, compensen en intensidad lo que falta en duración, y que el beneficio de la vida en la Tierra no se vea tan perjudicado por la violenta interrupción de esa guerra, la vida como podría parecer. Sin embargo, el espectáculo de miles de jóvenes abatidos en el campo, en medio de escenas de horrible tumulto de carnicería, no es algo que pueda verse con ecuanimidad. Por supuesto, tal ablación de una parte importante de cada carrera individual sería dañina – una parte que podría hacer mucho por el desarrollo de las facultades y la ampliación de la experiencia.

La simple circunstancia de lamentar tan sinceramente la pérdida de vidas causada por la guerra demuestra que no solo tenemos el cuerpo como medio de manifestación, sino también como campo de entrenamiento del alma; la carne puede de alguna manera ayudar al espíritu, como el espíritu sin duda ayuda a la carne; y si la vida terrena, cuando es débil, es útil y estimulante, cuando es fuerte es eufórica y soberbia. Las facultades y poderes desarrollados en el reino animal durante millones de años de evolución, y ahora heredados por el hombre, no deben tomarse a la ligera. Por eso quienes piensan que algo de los elementos esenciales, o atributos del cuerpo, se lleva a una etapa superior de la vida; es decir, quienes piensan que el valor adquirido a través del cuerpo material sobrevive y se convierte en una adquisición permanente del cuerpo, alma, pueden recurrir a esa expresión medieval de la "resurrección del cuerpo" como apta para expresar sus pensamientos. Es una verdad que, por falta de demostración, requiere énfasis. Estas antiguas expresiones, consagradas por un uso prolongado y familiares a todos los santos, aunque con un significado diferente, pueden tener un profundo significado espiritual. Cuando se los arresta adecuadamente, no se los descarta a la ligera.

No me parece en absoluto fantasioso trazar alguna similitud o analogía entre las ideas de Weismann sobre la herencia y el paso de los atributos corporales, o poderes adquiridos, a la vida futura del alma.

Cuando consideramos si algo o qué cosa tiene probabilidad de permanencia, tenemos en mente el alma. Los meros accidentes corporales son temporales; la pérdida de un brazo o de un ojo no afecta a la descendencia. Pero además de estos accidentes corporales, hay cosas en el cuerpo que afectan al alma. Y cosas transmisibles que pueden volverse permanentes. Los hábitos que nos remodelan, buenos o malos, probablemente no se quedan solo en el cuerpo. Y en este sentido, la existencia futura también puede ser exaltada o empañada durante algún tiempo por la persistencia de los rasgos corporales – o por esta "resurrección del cuerpo."

Además, sabemos que aunque los rasgos corporales como las cicatrices y las heridas no afectan el alma y el carácter de forma permanente, sí lo hacen con fines demostrativos o de identificación, reactivados en comunicaciones con amigos; así como la apariencia general de una determinada época, y los detalles relacionados con la vestimenta y los modales, suelen resucitar de alguna manera.

Y es a esto a lo que atribuyo el curioso interés que todavía sienten los "pasados" por las cosas que poseyeron en su vida terrena. Estas cosas no se recuerdan por lo que un comerciante consideraría su valor, sino porque proporcionan una buena documentación de identidad; corresponden a "documentos condenatorios" producidos durante un juicio judicial; piezas que evocan silenciosamente hechos. La forma en que los vivos tratan estos objetos refleja la consideración que tenían por los "muertos" y por tanto no merecen su indiferencia. Nada de lo que afecta al espíritu humano puede ser ajeno a un alma compasiva, incluso si sus nuevas preocupaciones y actividades son de otro orden. Parece que en los contactos momentáneos con la Tierra, el nuevo entorno del más allá se aleja de modo que solo queda en el campo el entorno ya abandonado. Se recuerda el nuevo entorno, pero no vívidamente. Será difícil vivir simultáneamente en dos mundos diferentes, especialmente después de una larga vida pasada solo en uno de ellos. Aquellos cuyas vidas aquí han sido coloreadas o ennoblecidas por la cultura y las altas metas probablemente tendrán más elementos para transmitir información a través de las fronteras; pero solo movidos por el sentido del deber o el espíritu de misionarismo podrán salir del estado de felicidad en el que se encuentran y, a través de la comunicación, venir a ayudar a sus hermanos aun en la tierra.

Capítulo XXV Una actitud sabia y prudente.

"La vaguedad y confusión inevitables al comienzo de una nueva línea de investigación, naturalmente, desagradan al sabio acostumbrado a las tareas matemáticas del conocimiento experimental. Un hombre de este tipo que lea esta obra puede sentirse en la situación de un técnico sacado de un servicio regular, donde todo es rigor y buena coordinación, y en el que cuenta con un grupo competente de ayudantes, venir a unirse a marineros inexpertos en un mar extraño lleno de obstáculos, bancos de arena y algas. Aceptemos la analogía; pero recordemos a este hombre que las algas flotantes pueden revelar una tierra nueva y desconocida; y que resultó en beneficio del hombre cuando, por primera vez, las quillas de Colón cortaron el Mar de los Sargazos."

F. W. H. Myers – *Fantasmas de los vivos.*

Es un hecho digno de mención que la mayoría de los hombres educados han cerrado sus mentes a lo que a muchas personas les parece algo líquido y claro. Quienes se llaman espiritistas poseen una fe ingenua y sencilla; interpretan sus experiencias personales de la manera más directa y sincera, y muchos caen en errores de credulidad por la influencia de personas sin escrúpulos. Sin embargo, las personas de corazón sencillo siempre han sido más accesibles a nuevos conocimientos. Siempre que una revelación cae sobre el género humano, no son los sabios, sino los simples, los primeros en recibirla. Esto no tiene valor como argumento; la gente sencilla puede cometer errores y también malinterpretar sus impresiones, del mismo modo que, por otra parte, las personas cultas pueden mantener los ojos cerrados ante todo lo que les parece ajeno a sus conocimientos-convicciones. Es inevitable que cualquier nuevo orden de cosas no comience conectado con el anterior; debe pasar algún tiempo antes que el peso de los hechos impulse a las mentes educadas en una nueva dirección. Mientras tanto, los incultos se absorberán en experiencias personales y avanzarán a su manera. Los fenómenos psíquicos revelados por las investigaciones sugieren desde hace mucho tiempo la existencia de inteligencias distintas a las de los vivos: los llamados "espíritus." Se han propuesto explicaciones alternativas, incluida la telepatía, en intentos perfectamente legítimos y necesarios. Pero en mi opinión hay fenómenos que no están sujetos a estas explicaciones; y como ciertas hipótesis espíritas explican prácticamente todo, me vi obligado a doblegarme ante ellas – o lo que yo llamo "explicaciones de sentido común."

La actitud distanciadora de los hombres de Ciencia es; sin embargo, perfectamente comprensible; y no irrazonable, excepto cuando olvida las limitaciones y cultiva una odiosa filosofía de pura negación. Quien estudie los mecanismos encontrará, por supuesto, la Mecánica, y si el mecanismo es fisiológico, encontrará la Física y la Química; pero eso no significa que esté autorizado a negar la existencia de todo lo demás. El objetivo de la Ciencia es rastrear el modo de acción de las leyes de la Física y la Química, en todas partes y en todas las circunstancias. Estas leyes nos parecen aplicables universalmente, tanto en las estrellas más distantes como aquí en la Tierra, tanto en el organismo animal como en la materia inorgánica; y solo estudiar su acción constituye una tarea inmensa.

Pero a menudo se malinterpreta a los trabajadores científicos. Laplace, por ejemplo, a menudo es malinterpretado en su respuesta a la posición de Dios en el sistema cósmico formulado por él. Laplace dijo que "no necesitaba esta hipótesis", un concepto comúnmente citado como ateo. El significado de su respuesta; sin embargo, no es ese, aunque fue un tanto irreconciliadora y grosera. Laplace buscó reducir la Astronomía a principios mecánicos claros y definidos, y la introducción de un "dedo de Dios" allí sería una complicación o intrusión sin sentido. No una complicación o una intrusión en el Universo, por supuesto, sino en el sistema cósmico que Laplace había concebido: en su *Systéme du Monde*.

Los teólogos que admiten que la Deidad actúa siempre a través de agentes y medios racionales deben conceder a los trabajadores científicos todo lo que legítimamente reclaman en el campo positivo, así como alentarlos en el estudio detallado de estos agentes y medios. Si los hombres supieran más sobre la Ciencia y el ambiente en el que trabajan sus trabajadores, podrían interpretar mejor ciertas negaciones ocasionales, a veces groseras; estas negaciones son perfectamente explicables en vista de las limitaciones de campo que las ciencias físicas hasta ahora sabiamente se han impuesto a sí mismas.

Es un verdadero instinto, que se hace eco de la práctica medieval, introducir causas ocultas o desconocidas en la Ciencia. Atribuir, por ejemplo, la elevación de la savia a una "fuerza vital" sería absurdo, porque sería abandonar el problema y dejar todo igual. El progreso de la Ciencia comenzó cuando las causas espirituales y trascendentales fueron eliminadas o tratadas como inexistentes. La sencillez así conseguida correspondía a la verdadera mentalidad científica; la abstracción resultó ser útil y justificada por los resultados. Sin embargo, en realidad pueden existir causas de tipo material e incluso espiritual, que pueden influir o producir fenómenos; y debe ser tarea de la Ciencia descubrirlos o comenzar a prestarles atención, una vez que se conoce suficientemente la parte material de la Naturaleza.

Algunos de nosotros - prudente o imprudentemente -, queremos ampliar el campo de la Ciencia Física, admitiendo gradualmente en él más y más cosas de la gran totalidad de las cosas. Con este fin se creó la *Sociedad para la Investigación Psíquica*, para extender la Ciencia a nuevos campos, a través de exploraciones pacientes a través de una región comparativamente nueva. Inicialmente, el tentame fue mal entendido y muy criticado; es un esfuerzo de gran ambición, no hay duda, pero perfectamente legítimo; y si falla, paciencia.

Pero el avance en nuevas direcciones debe ser prudentemente lento y debemos admitir que las sociedades dedicadas al estudio de ramas de la Ciencia establecidas desde hace mucho tiempo tienen razón en su resistencia a novedades extrañas y que dejan el estudio de nuevos fenómenos a un gremio de hombres sabios reunidos especialmente para este propósito. Un día se incorporarán nuevas regiones a los territorios de la Ciencia, pero primero tendrán que hacer valer sus derechos y civilizarse.

Porque es necesario introducir, de vez en cuando, causas desconocidas en la colección de conocimientos sistematizados, a menos que ya sepamos todo sobre el Universo. Es posible que nuestra atención rechace hechos que son difíciles de aceptar, pero sin investigarlos no deben negarse. Y en realidad ocurren hechos extraños que no encajan en el marco de las Ciencias establecidas. Para ellos constituyen "perturbaciones." La impresión que dan es la de un elfo caprichoso y travieso que ha entrado en cierto aparato de laboratorio, creando terribles complejidades y perturbando el sereno curso de las leyes establecidas. Para evitarlo, los laboratorios se protegen de tales intrusiones, pero el Universo permanece abierto. Y si en realidad verificamos la interacción de inteligencias distintas a la de los vivos, tarde o temprano nos veremos obligados a tomar conciencia de ello y a admitir una nueva concepción de la existencia.

De una forma u otra, la evidencia ha sido cruel con la especie humana desde la más remota antigüedad; y siempre aparecía bajo la borrosa ropa de la superstición. Los mismos hechos conocidos y mencionados por Virgilio y muchos otros "vates", las mismas experiencias que el folclore muestra en la historia de todas las tierras aparecen ahora en nuestra era científica, y a menudo bajo el más estricto escrutinio científico. Y de esta manera se logran nuevos avances en la Ciencia. Cualquier criatura poseída por el deseo real de conocer la verdad no carecerá de pruebas, si asimila, con desapasionamiento, el material ya acumulado, y luego espera la oportunidad de añadirlo con la experiencia personal. Esta oportunidad puede ocurrir en cualquier momento; la clave es estar preparado para no dejarla escapar. El material acumulado por otros nos prepara para este orden de estudios; pero la convicción solo llega a través de la experiencia personal.

El asunto en cuestión puede ser cierto o no. Si es falso, el estudio persistente del tema demostrará su falsedad. Si es cierto, el estudio demostrará su veracidad y su tremenda importancia. Porque en la Naturaleza no existen medias verdades; la novedad más pequeña tiene consecuencias tremendas; nuestros ojos tendrán que abrirse lentamente – o quedarán deslumbrados.

Una vez, en 1889, comparé el sentimiento del investigador físico con el de un niño que había golpeado durante mucho tiempo las teclas de un piano abandonado, en el que había entrado un poder invisible para infundir un aliento vivificante. Fue esto al comienzo de la serie de descubrimientos revolucionarios sobre la radiación y la naturaleza de la materia que desde entonces han llenado el mundo. Y hoy una vez más el roce de un dedo arranca notas, y una vez más el niño vacila, entre el deleite y el miedo, ante las cuerdas que parecen vibrar a su voluntad.

Capítulo XXVI Visión del Universo

Entonces, ¿cuál puede ser la última palabra? O: ¿qué efecto tienen estas investigaciones en mi concepción del Universo?

El caso es más importante de lo que parece; porque si los hechos pueden influir en los demás, también deben influirme a mí, y ésta es la única influencia que conozco de primera mano. No supongamos que mi punto de vista haya cambiado de forma apreciable a raíz de la muerte de Raymond y de las experiencias que menciono en este libro: mis conclusiones han cristalizado por sí solas a lo largo de los años, siempre basadas en experiencias de este orden. Pero el hecho de la muerte de Raymond fortaleció y liberó mi testimonio. Ahora confío en mis experiencias, en lugar de las de los demás. Si bien dependemos de pruebas relacionadas con la angustia de terceros, debemos permanecer reticentes y cautelosos y, en muchos casos, permanecer en silencio. La presentación de los hechos depende de la autorización de sus propietarios, y esto no siempre se logra. Mis deducciones hoy son las mismas que antes, con la única diferencia que se basan en hechos de mi experiencia personal.

Solo se notará una pequeña variación entre el observador del pasado y el observador de hoy. Cuando me sentaba frente a un médium, no me enfrentaba a hechos que hablaran a mi corazón, aparte de aquellos relacionados con la pérdida de viejos amigos. Ahora; sin embargo, si yo o un miembro de mi familia acudimos a un médium, sin darle la menor señal de nuestra identidad, mi hijo se presenta inmediatamente y continúa su serie clara y convincente de demostraciones probatorias; a veces dando testimonios con espíritu muy crítico; a veces se contentan con conferencias o reminiscencias familiares; pero siempre actuando de forma coherente con su personalidad y sus estados de ánimo. Si en un caso especial el médium muestra debilidad, o si surgen dificultades de cualquier tipo, Raymond observa el hecho y se refiere a ello en cualquier otra oportunidad, a través de un médium diferente. En todos los casos, está ansioso por presentar pruebas convincentes. Y también revela el deseo que lo que dice no se quede conmigo. Este es el motivo de publicar este trabajo.

Estoy convencido de la supervivencia de la personalidad después de la muerte como lo estoy de mi existencia en la Tierra. Quizás afirmen que esta convicción no se basa en mi experiencia sensorial. Responderé que sí. Un científico especializado en Física no siempre está limitado por impresiones sensoriales directas; se ocupa de una multitud de cosas y conceptos para los cuales sus sentidos son como si no existieran. La teoría dinámica del calor, por ejemplo, y la de los gases; las teorías de la electricidad, el magnetismo, las afinidades químicas, la cohesión e incluso el concepto del éter lo llevan a regiones donde la vista, el oído, el olfato y el tacto no pueden dar ningún testimonio directo. En tales regiones todo debe interpretarse en términos de lo insensible, lo no sustancial y lo imaginario. Sin embargo, estas regiones del conocimiento se vuelven tan claras y vivas como las cosas materiales. Fenómenos muy comunes requieren una interpretación basada en las ideas más sutiles – la aparente solidez de la materia exige explicación –, y las entidades no materiales con las que juega el físico van revelando tanta realidad como todo lo que conoce sensorialmente. Como solía decir Lord Kelvin, en realidad sabemos más sobre la electricidad que sobre la materia.

Y como esto es así, iré más allá y diré que estoy convencido de la existencia de "grados del ser", no solo inferiores en la escala al hombre, sino también superiores: grados de todos los órdenes de magnitud, desde cero hasta el infinito. Y sé, por experiencia, que entre los seres hay algunos comprometidos en ayudar y guiar a la Humanidad, sin desdeñar entrar en detalles minuciosos, si es necesario. De esta manera pueden ayudar a las almas que luchan por levantarse. Y creo también que entre estos seres elevados existe uno a quien el cristianismo instintivamente dedica reverencia y devoción.

Aquellos que piensan que la era del Mesías ha pasado están extrañamente confundidos; ésta era apenas ha comenzado. Para las almas individuales el cristianismo ha florecido y dado frutos, pero para los males del mundo es todavía un remedio no probado. Será extraño que la horrible guerra de hoy fomente y mejore el conocimiento de Cristo y ayude a la Humanidad a comprender la inefable belleza de su vida y sus enseñanzas; sin embargo, han sucedido cosas aun más extrañas; e independientemente de cómo se comporten las Iglesias, creo que la voz de Jesús seguirá siendo escuchada por gran parte de la Humanidad, como nunca lo ha sido hasta ahora.

Mi vida en la Tierra está llegando a su fin; no importa; espero no partir sin antes dar mi testimonio de la gracia y la verdad que emanan de ese Ser divino, cuyo amor por los hombres puede estar oscurecido por los dogmas, pero nunca dejará de ser accesible a los amables y humildes.

La inter comunión entre estados, o grados de existencia, no se limita a mensajes a amigos o familiares, o conversaciones con personalidades de nuestro nivel – esto constituye una pequeña parte de toda la verdad; este intercambio entre estados de existencia trae consigo – ocasionalmente, a veces inconscientemente –, comunión con almas muy elevadas que nos han precedido. La verdad de esta influencia continua coincide con las revelaciones más elevadas hechas a la Humanidad. Esta verdad, asimilada por el hombre, significa la certeza de la realidad de la oración, así como la certeza de la simpatía o gracia de Aquel que nunca despreció a los que sufren, a los pecadores, a los humildes; y significa aun más: la posibilidad, algún día, de una mirada o una palabra del Cristo Eterno.

FIN

Grandes Éxitos de Zibia Gasparetto

Con más de 20 millones de títulos vendidos, la autora ha contribuido para el fortalecimiento de la literatura espiritualista en el mercado editorial y para la popularización de la espiritualidad. Conozca más éxitos de la escritora.

Romances Dictados por el Espíritu Lucius

La Fuerza de la Vida

La Verdad de cada uno

La vida sabe lo que hace

Ella confió en la vida

Entre el Amor y la Guerra

Esmeralda

Espinas del Tiempo

Lazos Eternos

Nada es por Casualidad

Nadie es de Nadie

El Abogado de Dios

El Mañana a Dios pertenece

El Amor Venció

Encuentro Inesperado

Al borde del destino

El Astuto

El Morro de las Ilusiones

¿Dónde está Teresa?

Por las puertas del Corazón

Cuando la Vida escoge

Cuando llega la Hora

Cuando es necesario volver

Abriéndose para la Vida

Sin miedo de vivir

Solo el amor lo consigue

Todos Somos Inocentes

Todo tiene su precio

Todo valió la pena

Un amor de verdad

Venciendo el pasado

<u>Otros éxitos de Andrés Luiz Ruiz y Lucius</u>

Trilogía El Amor Jamás te Olvida

La Fuerza de la Bondad

Bajo las Manos de la Misericordia

Despidiéndose de la Tierra

Al Final de la Última Hora

Esculpiendo su Destino

Hay Flores sobre las Piedras

Los Peñascos son de Arena

Otros éxitos de Gilvanize Balbino Pereira

Linternas del Tiempo

Los Ángeles de Jade

El Horizonte de las Alondras

Cetros Partidos

Lágrimas del Sol

Salmos de Redención

El Hombre que había vivido demasiado

Libros de Eliana Machado Coelho y Schellida

Corazones sin Destino

El Brillo de la Verdad

El Derecho de Ser Feliz

El Retorno

En el Silencio de las Pasiones

Fuerza para Recomenzar

La Certeza de la Victoria

La Conquista de la Paz

Lecciones que la Vida Ofrece

Más Fuerte que Nunca

Sin Reglas para Amar

Un Diario en el Tiempo

Un Motivo para Vivir

¡Eliana Machado Coelho y Schellida, Romances que cautivan, enseñan, conmueven y pueden cambiar tu vida!

Romances de Arandi Gomes Texeira y el Conde J.W. Rochester

El Condado de Lancaster

El Poder del Amor

El Proceso

La Pulsera de Cleopatra

La Reencarnación de una Reina

Ustedes son dioses

Libros de Marcelo Cezar y Marco Aurelio

El Amor es para los Fuertes

La Última Oportunidad

Nada es como Parece

Para Siempre Conmigo

Solo Dios lo Sabe

Tú haces el Mañana

Un Soplo de Ternura

Libros de Vera Kryzhanovskaia y JW Rochester

La Venganza del Judío

La Monja de los Casamientos

La Hija del Hechicero

La Flor del Pantano

La Ira Divina

La Leyenda del Castillo de Montignoso

La Muerte del Planeta

La Noche de San Bartolomé

La Venganza del Judío

Bienaventurados los pobres de espíritu

Cobra Capela

Dolores

Trilogía del Reino de las Sombras

De los Cielos a la Tierra

Episodios de la Vida de Tiberius

Hechizo Infernal

Herculanum

En la Frontera

Naema, la Bruja

En el Castillo de Escocia (Trilogía 2)

Nueva Era

El Elixir de la larga vida

El Faraón Mernephtah

Los Legisladores

Los Magos

El Terrible Fantasma

El Paraíso sin Adán
Romance de una Reina
Luminarias Checas
Narraciones Ocultas
La Monja de los Casamientos

Libros de Elisa Masselli
Siempre existe una razón
Nada queda sin respuesta
La vida está hecha de decisiones
La Misión de cada uno
Es necesario algo más
El Pasado no importa
El Destino en sus manos
Dios estaba con él
Cuando el pasado no pasa
Apenas comenzando

Libros de Vera Lúcia Marinzeck de Carvalho y Patricia

Violetas en la Ventana
Viviendo en el Mundo de los Espíritus
La Casa del Escritor
El Vuelo de la Gaviota

Vera Lúcia Marinzeck de Carvalho y Antonio Carlos

Amad a los Enemigos
Esclavo Bernardino
la Roca de los Amantes
Rosa, la tercera víctima fatal
Cautivos y Libertos
Deficiente Mental
Aquellos que Aman
Cabocla
El Ateo
El Difícil camino de las drogas
En Misión de Socorro
La Casa del Acantilado
La Gruta de las Orquídeas
La Última Cena
Morí, ¿y ahora?
Las Flores de María
Nuevamente Juntos

Libros de Mônica de Castro y Leonel

A Pesar de Todo

Con el Amor no se Juega

De Frente con la Verdad

De Todo mi Ser

Deseo

El Precio de Ser Diferente

Gemelas

Giselle, La Amante del Inquisidor

Greta

Hasta que la Vida los Separe

Impulsos del Corazón

Jurema de la Selva

La Actriz

La Fuerza del Destino

Recuerdos que el Viento Trae

Secretos del Alma

Sintiendo en la Propia Piel

World Spiritist Institute

www.ingramcontent.com/pod-product-compliance
Lightning Source LLC
LaVergne TN
LVHW041804060526
838201LV00046B/1117